文思三部曲

談儒話墨說、道

左海倫 著

臺灣商務印書館發行

前言

（一）

自有文明以來，人類事物的變動，至今複雜得已非昔比。而人類的享有，除了物質生活已見富饒外，在精神領域，並沒有走上鳥語花香的安頓境界。早先的人類，有早先的煎熬，今天，我們也有各種不能承受之憂困。

從大範圍來看，二十世紀的科技進展，資訊發達，使人類社會的時空，迅速的縮短，人類生活的節奏，相對的加快而駁雜。照理說，今後的世界體系，是要能相互溝通，親合凝聚，來形成一種共存的制式。否則，在這股飛躍的推進力下，落後與先進的國家，不能在知識、思想、觀念、平衡的相輔相成下，就會造成貧富、霸權、暴亂等等情狀，使地球上的六十億人類，生命相關的事物，險象叢生，籠罩著不安的陰霾，就不會消失，世界亦將永無寧日。

請看，在體制不同的政治，分門別派的宗教，膚色不一的種族，以及不同文化中所顯示的人性行為，嚴格的說，是有些荒誕和苦澀的。例如，一般的政客在權位上的勾心鬥角，和利益中的謊言；宗教信仰上，貶人揚己的敵意；不同種族的排外、矛盾與爭端；差別文化的歧視與傲慢；在在表露著各領一方的優越、橫霸和刁蠻。

再瞧，自然生態的破壞，空氣、水土的汙染，林木、地下資源的危殆，凡此種種，任何一項發生差錯，全球都會因牽一髮而動全身的出現災難。這還不包括萬一出現一個思路不明的狂妄之人，在欲念上利害估計的錯誤，而觸發核戰，這將是萬劫不復了。過去的一粒原子彈，瞬間殺滅數十萬人，僥幸而未死者，其後遺輻射線的古怪病苦，使他們無數代子孫，很難免不承受著後遺之害。

我們的智慧，對自然生態的保養，是否要未雨綢繆？我們的靈魂，對一切生命相關的事物，是否憂患焦慮？答案是肯定的。但是……唉！

我敢說：國家、社會，是一代一代的「實驗作品」，它不是一個很邏輯的構造，而是依照不同欲念的需要。可是今天，我們自詡很文明，還要進步，就不能只崇尚物質，精神也應同步。因為今天的科學技術，突飛猛進，而人文學遙遙落後了。結果使人類社會中的物質淫巧，精神荒涼，得不到心物的平衡，人會犯下許多危險的錯誤。

一個世紀以來，人們費心力能發明各類物質的享用，卻少費心力去享有愛，欣賞美。更不用說全球大大小小的戰爭，究其根本，大都離不開與物質相關的事因，而發生相左利益的衝突。

如果我們說，一個健全的個人，在於他從小到老記憶的連續，那麼，一個健全的人類社會，則是精美文化的承先啓後了。然而，有些激烈份子，無論東西文化，都只站在自己的視角以偏概全，揚己抑人，沒有八方四海去探索，沒有上下古今去披沙揀金。如果全球的睿智人士，能為人類的新文明來思考，促使成為新穎的人文思潮，能讓全人類同中有異，有個彩色和悅的關係就好了。這是需要偉大的思想家們，來設計藍圖的。以我們今日的科學宇宙觀，來看地球上的生命，此刻，人類這一物種，要能先行和悅相處，積極的誕生一種人生方案，應該是到了分娩的預產期啦！

要預設人類和悅相處，首先的目標，是人生價值的實踐方向。雖然目前還找不到一個全球共許的座標，那麼，就讓我們先去認識一些中國古代哲人的思想，從而能得些鼓勵，激盪腦力。到底中國這個地區，歷史文化至少已有五千年以上的深根，先人雖然歷經艱苦，朝政幾經更替，然而其文化承傳卻能延續至今，必有其特質在，儘管它已滿面皺紋，有些病弱，到底還沒有枯槁。其文化體力的精神生命，是有其長壽的承傳基因在。

中國文化雖不是最早的文化，卻是人類最長久的文化。中國先人的成就，是有其連貫性的，不進就僵滯，甚或煙飛雲散。所以熟視過去，可以免於從頭開始。如果懂得擺脫擊潰狹小無關宏旨的，慎重選到彌足珍貴的，確定可以試行的，自然就能建立一套宏偉的價值觀，也就是讓行動和目標相協調。無論如何，人類基本的需求，都是趨向善美而避禍凶殘的，這無疑是生命存在的真義。

（二）

要瞭解古代人生哲學，首先要明白當時的人類狀況。

我們讀過《中國通史》，必然知道上古春秋戰國時代，前後四百年間，人類經歷了諸侯國際間，紛紜事件的戰爭。雖然最後被强秦一統天下，但一代代的先民，在數百年間不同的歲月中，遭逢著幾乎相同的悲慘命運。他們的現實生活裏，共同恐懼的問題，不外乎是：生命的旦夕不保，生存的艱苦不安。人在實際的生活壓力下，脆弱得隨時隨刻都會被死神吞噬。國際間當時的社會景象，就像法國的哲人福爾泰（Voltaire）説過的話：「世間的文化，輪迴在未開化狀態和野蠻狀態，幾乎沒有了文明狀態。」那時期活著的人，心靈中的許多問題，也很可能會是今天我們自己的問題。只是時空不同了，利器工具不同了，知識面貌增多了，生活類型不同了，紛紜的事件也當然不同了。但是，古今人類的行為動機，據柏拉圖（Plato）説：「人的行為有三個主要來源，那就是：欲望、感情及知識。」看來，東周列國時期的事件，幾乎都是欲望和感情的行為活動。當時一般的人們因戰爭、迫害和饑餓，死於非命，受盡了恐怖的折磨和奴役。災難在數百年中，危害人類，可説是空前的。而今呢，全球某些區域，國與國間，宗教與宗教間，自己國人與自己國人之間，人們悽苦的亂象，本質上，也依然是欲望，感情的動機呀！

再回看古往，因為當時周天子御内的井田制度（經濟基礎），已蕩然失控，封建貴族政治又已破壞，所謂亂臣賊子暴亂無度，人倫道德瓦解，社會結構連連崩潰。諸侯國相互吞併，強掠弱，大欺小，爭戰不息，哀鴻遍野。生活的原樣完全失據，失序，脫離軌道。一片醜陋、淫穢、逆倫、放恣、污濁，如火燎原，毒化了全部人際關係。人人都受到不同的威脅，和普遍的惡果。個個生活在焦躁不信任下，啞然於生生死死的行列中，完全成了人間地獄絕望的末日。在這個瘋狂的夢魘下，使人失去思維和理性，胡奔亂闖的幾乎找不到一塊淨土容身，理不出一種方式生活。

在天翻地覆苦難的歲月裏，幸而有一些慧眼深心的智者，目擊人世的慘變，感受到人類韌性的極限。同時，對生命存在的本質，發生了大懷疑。他們的憂思和熱望，都像火燄在燃燒。這些少數出類拔萃的先人，想要力挽狂瀾。由於他們的心願、誠摯、宏觀，他們把思考凝聚於一，把現實中所匱乏的，要轉成為理想的實有。這些曠野深心的智能人士，是帶有英雄的素質。他們思想的錘鍊，是要重鑄，是要再造，是要從倫理上，政治上，社會上去修正一切，要把紊亂的世局，變革扶正。他們審思人與事的真正價值後，做了全圖的設計，期望人生能在各種痛苦遭遇的漩渦中掙脫出來。也期許能在人生的方方面面，產生實質上的助益和改善。

當時，靈才們的思想，都各有一套調節系統的解釋和闡發。因此「世變甚殷之日，皆學術躍進之時」這一說法，確實可以印證在紊亂的東周時代。學說思想的異彩，驚人的破土而出，一經人傳人，世代傳世代，迅速的發育，茁壯，都成了革命性的語言，震耳動心的語言，搖醒許許多多睡夢者的潛能，激發許許多多憤慨者的行動。彷彿人們都從黑暗的洞穴，苦悶迷離的困境中跳了出來，見到了曙光，找到了出路。也瞭解那裏是發端，那兒有結局。這些知見給人們的振奮，情況就像血液中的白血球，對著發炎的傷口挑戰。採取了快速、準確、積極的應變辦法，使人獲得精神上新的處境和安排，讓手足無措的廣大人衆，抓住一種模式存活下去，也就因此輕輕地轉入較佳的身心安頓，得到靈魂稍許的平靜。人們由於輸入了新的思想和觀念，身體力行，則有了安身立命之處，撫慰了無助的靈魂，於是也帶領著一個一個時期，文化人生的風向。

雖然各種思想的花朵，先先後後競美爭艷，大皆有其獨特的號角和步伐，但也在國際間爭議風起，不一而足。因是，四百年間，思潮的起伏，隱隱顯顯，興興滅滅，都能蔚為大觀。時而波瀾洶湧，洪濤巨浪。時而風雨變換，玄雲泱鬱。我們曾用百花齊放，百鳥爭鳴形容過那個時期，我們也可以用千巖競秀，萬壑爭流來比喻那個時代。當時聲勢豪蕩的景從者，都是竭盡心力，奔走呼號，即知即行。之後，代代燈傳，不斷補充能量，填滿活力。使觀念、意志，更圓通，更堅强，成為各種學術流派自由的繁衍延續。儒、墨兩家，當時正如穿雲的高峰，在千山峻嶺中競鳴長嘯。後起之秀，又有道家帶領風尚，於山間田野，散發著原汁原味的甘美。

誠然，我們若以哲學架構，來評鑑先秦的思想學術，嚴格的說，他們不全是哲理的思辯。更不是柏拉圖所說好智的娛樂。先秦的思想家，只是為了人如何活下去，如何活得尊嚴而正常，如何能快樂而幸福。僅僅是為此種心靈而設計的一種理想生活的實踐法。他們只是把一些不變的基要人性，告訴欲望不斷變更的人類來聽，使人了解後，平復感情，節制欲望，免於浩劫。所以這些思想界的先輩英豪們，要為倫理，倡導善的行為。要革新政治，規劃理想的組織。我們看到他們發放的曄曄光彩，有如火中的鳳凰，使人們在坎坷無奈時，得到鮮明的一個路標，走出困境。

（三）

據漢朝歸類先秦的思想，共有十家。本書所要論述的三家，是主要有代表性的儒家，墨家，和道家。我領航諸位去參觀這三處燈火輝煌的海港，迴避其他狹窄的運河。

總之，我們也許能領受那種誠摯的見解，我們也會感動他們精心的奉獻，我們必然崇敬他們高潔的情懷。如果我們共鳴那份脈膊的跳動，換句話說，就是把古思想界的智果，與今天的現實相聯繫，並分清釐定它的作用，用以克服現代新事物中的舊弊端。這樣可能找到人類生活高低不定的穩妥平衡點，調整錯失後，想當然會總結教訓，並有創進、躍昇。

話又得說回來，人生若活在清朗的日子，是要讓理性滌盡塵垢的蒙蔽，好讓精神成長，意志飛翔。今日的社會，嚴格的說，已使我們成為物質的巨人，精神的侏儒。因此我想套句前面福爾泰說過的話，改成：「今天的生活，輪迴在追物逐利的滾桶裏，馬不停蹄。因為沒有一個吸引力强的價值觀，也就只以財貨為目的，朝此價值奔跑，無終始地團團轉，停不下來。窮人固然要追物逐利，富人要得更多。匆匆忙忙，很少有精神方面的泰然自若。」所以，我想，中國古思想家們的人生啓示，可能會幫助我們，找到某些觀點上的實踐法，去得到心靈的平衡。

好啦，如果要領略古思想家們的人生哲學，是要有些現代語彙的闡釋。

我認為，去講解這些先哲大師們的思想，不管用何種方式論述，都是比較個人學養的工作。雖然古文辭的表達，非常素樸簡約，我們是要帶幾分想像力，用些比喻的。因此，我選取的觀點和所談的主要內容，也就難免會與其他學人的解讀不同，那就只有各說各話了。

（四）

一般知識是可以共享的，財金資本則往往不然。人類的生活在新世紀以後，從全球經濟上的調節，似乎可以見到曙光，組合成一體了。可是由於知識經濟的競爭，這就自然又會促使科技發展更加騰飛。這兩種目前已佔優勢學科的連接，物質生活必然會更加豐裕，更加誘引追逐。為了資本的獨有，雇用科技所創造的的保衛武器，就更加詭怖。但是，人類的道德倫理呢？政治社會，以及國際間的關係呢？科技是無能為力的。我之所以寫這本書，只是想與讀者共同「温故」，温習有魅力的古哲思想，那些是有道德倫理的借鏡，那些是有生活藝術的趣味。因為舊的事物不一定全壞，新的事物也不會全好。有時現代物質生活中的方便，還是生態環境惡劣的造因呢。

我們若能精挑細選先秦諸家思想，把它精緻善美的「細胞」去複製，結構為全球人文生命體的一個有機部分，如此再融合全球其他時期及地區的優質文明，使全球人類累積經驗得來不易的知識，能在今天的人類社會中，表現得融和而出色。不要讓只去危害人類，取此失彼那種野蠻的欲望，和一己之私的情感，奪去了人與人，人與自然的和諧。

沒有錯，人類需要物質生活的安逸，人類也需要精神的安寧。我們很嚴肅的呼籲，在新世紀裏，人類文化的良莠演進，重要的是人生方向，因此，思想家首先要積極動動腦子，以便指引人類，處此速率不斷加快，心率跟不上的困境下，得到些許喘息的作法。人文學的開拓，更要起飛，追上科技的發展，在文明的路程中，才能是有兩條腿力均衡前進的步伐。

我撰述本篇，是內心一種憂患意識，在不停的湧動，因為人類的生存意志，要如何調整困境，應該考察以往的經驗，同時也不希望過去哲人的思想，在現代的資訊中消失。所以試著先推舉出中國古代的先人，某些有魅力的人生理論，用來做為第一塊奠基的建石。更希望能從全球各地，人文學術中精選「建材」，通力合作，建立一座人文大廈，不要讓戰國時代淒涼悲慘的景象，在當今世界中復辟。

以下，我們先談談儒家，再來說說墨家，最後講講道家。其所留下珍貴的精神遺產，我們若不去釐清而混揉了它，那就又成了無端之盲點，變做無用的「烏合之衆」了。文化遺產是要不斷的整理精神創造物，去惠及後世的人。其中我認為：把儒家的行仁義，墨家的倡和平，道家的本自然，能見其意義、目的、力量。所以真正的學者，應該是時代精神的一位立法者。

目錄

001 前言
第一部分 談儒
001 古典文化的再出發
005 孔丘的誕生及其事略
011 孔子的人本儒學
018 生命價值的「仁」

024 「仁」的認識
032 「仁」的起步
039 爲政以德的嚮往
050 有教無類
056 不語神怪
063 中庸品味的人生
072 餘話

第二部分 話墨

077 醉夢在神性之邦
084 後孔子的一顆彗星
089 墨翟何許人？
093 《墨子》書中的情與思

100 墨子的思想系列
104 反儒的八把利劍
114 墨子生動的行事
119 也來「非」其「是」
131 贅　語

第三部分　說　道

135 與大自然共舞的「鶴」
138 自然的奧妙
141 時代的氣息
146 自然的音律
151 初起的道家
154 影子似的楊朱

164 釁性的遺留
168 悲情的咆哮
186 說「道」從頭
189 神秘的老人（問禮於老子）
197 老子的「道」論
230 老子的「德」論
273 說虛靜評書文
283 自然的化身、自强的生殖
288 書後的碎語冗言

第一部分　談　儒

古典文化的再出發

「古典」這個詞彙，是從 classic 一字翻譯過來的。在文法學家的筆下，這個字是指第一流的詩人。從字源上說，是由 class 衍化而來的。近代，則指謂可以作為典範的事物。現在我用「古典文化」這一語詞，是包括「古代的」和「模範的」兩個意思在內的文化。古典文化的再出發，是以當代生活中的觀點，去遴選古代恆久美好的典範，來提倡，來學習，來實踐。

文化這個詞，我們狹義的說，僅僅是指生活的樣式（life style），它包涵著精神和物質生活的品味和習慣，以及承傳了的意識形態。我要談談的儒家思想，是屬於精神面貌的核心，是古典文化中，生活藝術的一頁，也可以說是人本位基要道德的價值觀。

在遠古，先民的生活內容，我們僅能臆測，即使泥石下一堆堆挖出的遺物和碎片，符號和甲骨文字，仍然會令我們去猜謎。其中似乎帶有濃厚的神話色彩，無法脫離各種訛傳。但是也有可能隱藏著許多真實性的事蹟。

自從有信史，我們才能大體知道，上古三代先人們的一些生活。這是因為西元前一千一百二十二年，在今陝西渭水流域，有一個姬姓的部族，向當時商王朝的牧野地方誓師，宣佈商朝紂王暴君的罪狀，發動了大規模的攻擊戰爭，一舉擊潰商朝軍隊，推翻了商朝，成立一個新的周王朝。這位革命志士就是周發，周武王。

從遺物與文字記載得知，商朝的文化已很高，已有相當好的制作。我們只看商代留下的工業藝術吧，那時侯，已能鑄造銅錫合金的青銅器，包括禮器、日用器、兵器等等。至今商鼎價值連城，陳列在博物館內。它們除了當時的實用價值，也有三千數百年的歷史價值。其器皿上的花紋雕工，又是一項藝術價值。所以周發雖然得了勝利，另立了朝代，但是，仍然承襲著商代的文明和文化生活。

周武王去世，他的兒子，成王繼位，因為年幼，則由他的叔父周公旦攝政，輔助這位年少的侄兒。周公旦這位能人，擴大了當時的封建社會，封立了姬姓，和姬姓的姻親，五十餘個國家。同時把商代遺民封為宋國（孔子的先祖，就是封在商丘），周王朝又強迫遷移分散了殷的遺民為衛國。周王朝對殷商人民的分散，可以看出，這是戰勝國處置被征服者常用的方式。而殷商的殘餘勢力，也就在周人嚴密控制之下，失去反攻的團結力量。周朝封建的諸侯國，一直維持了八百多年，直到秦國嬴政，掀天揭地統一了諸侯國，成為新的政治大帝國，到此時，中國這個名稱，才有了具體的表現：它代表著一個龐大帝國，和它的土地與人民。從此以後，黃帝子孫和炎帝子孫（少數民族），就都是中國人了。

「一飯三吐哺，一沐三握髮。」這話是描述西周時代，周公旦的勤政，是漢代太史公司馬遷在《史記》中，對周公旦極為稱道的事。意思是說周公旦吃飯洗澡時，都會有人不斷地為公務來請示，使他吃飯時必須停下碗筷辦公事，洗澡時有人來，他得捲起溼漉漉的長髮談公事。所以「夢周公」的意思，是後生的孔子，對西周王朝政治的清明廉正，和人生安樂的嚮往。的確，西周四百餘年太平少事，大致是周公旦輔政時，建立的體制表現的政績。

可是，時至周王室東遷，結束西周四百餘年大好天下。從此以後，天災外患，諸侯爭霸，不停歇的戰爭，使人民因喪亂而窮苦流亡，當時，君臣已無法維持名分，王室衰微，政治失序，傳統文化已不能支配人心。此刻，雜立的學術思潮，開始抬頭，尋求解決人生苦難的途徑，這時已是東周的春秋時期了。

儒家首先崛起，而孔子是儒家的一個總代表人物，他的思想，是重拾以往文化根源中的智慧，加上自己的理念，有效的承先啓後，導向人文精神踐履的理論，其學說甚至影響到今天仍未消失。這是何等的力度？何等的能量？何等的壯美雄健？我們願意看看，孔子的古典步履，是如何從一個已經荒蕪衰敗的起點，重新起死回生，把古典文化配合當代，再出發。

孔丘的誕生及其事略

公元前七世紀的時候，正是中國歷史分期的東周。大約距今兩千五百多年前，周靈王在位時，相當公元前五五一年的時候，在諸侯魯國，誕生了一位不世出的嬰孩，他就是孔丘。後世尊稱為至聖先師的孔夫子。

據《史記》裏記載，孔子生於魯國的昌平鄉（在今山東曲阜縣）他的先祖是宋國人，宋是周武王封給商朝遺族的地方（在今河南的商丘縣）。是故，孔子應該是一個屬於沒落的流亡貴族之後裔。其父叫孔紇，母為顏氏。《史記》裏記載著：

紇與顏氏女野合而生孔子。

禱於尼丘得孔子。
生而首上圩頂，故因名曰丘。

這三句話，有很多奇想的解釋。以「野合」一辭，「禱於尼丘」之句，有學者的説法倒像風化奇談，不知是何根據？他們説孔紇有三個太太，一共生了一個低能殘廢的長子，以及九個女兒，很想再生一個正常的兒子，就另娶一年輕的顏氏為妻，兩人到尼丘山，頂禮膜拜，祈禱後，就地在野外行房事，因而懷孕生了孔子。這個説法，至少我個人很不同意，因為問題是出在「野合」兩個字上。當時的孔紇已年歲很老，顏氏剛剛及笄，也就是剛過成年的時候。（古時，女十五歲及笄，男二十歲加冠，謂之成年。）老夫少妻的婚嫁，不合當時的法令禮俗。「野合」的説法，我認為是指不講究婚姻法的結合。（年齡太懸殊，在當時的婚姻禮制是不允許的。）等到孔紇死後，又沒有葬在祖墳的墓地，孔子曾疑惑其父嫡子的身分，其母不肯説原因，而把事支吾過去了。這兩者之間，又有什麼真正的關係呢？因為孔紇是位力士，也是商朝最低士級的貴族，孔紇破壞了當時上層社會的婚俗，年齡太懸殊有失禮制，有辱祖先，雖是長子，已不被承認為宗法的嫡系，故不能安葬祖藉墓園。歷史記此一婚娶為野合。有人胡扯野合一辭是犯風化罪，訛錯不察，可惱。

「生而首上圩頂，故因名曰丘。」圩頂，是指頭蓋骨與常人不一樣，有一大圈下窪，低陷凹進很深。由於此畸形異相，頭骨的高低不平，又因曾在尼丘山上禱告，所以，孔紇給這個新生兒子，取名為丘，取字為仲尼。尼、丘兩字，大概是用以紀念在尼丘山上的祈禱而能得子。伯仲叔季，仲是第二，是紇的第二個兒子，有些不尊敬的人稱孔子為孔老二，是這麼來的。這些都是贅言贅語，都與孔子本人無關，我們只是略述他的身世而已。

孔子三歲時，父親去世。生活艱難，是可以想見的。因此環境促使他的早熟。他二十歲結婚，二十一歲就做了爸爸。因家室之累，他不得不替當朝的貴族們做些雜事，諸如看守田地，管理倉庫，他也在牧場照顧牛羊，後來還替卿大夫從事財稅工作，出納、會計，一手包辦。也因此跟著貴族們，學到很多上層社會的文化和禮樂。在貴族智能教育的六藝中，他最喜愛而感興趣的是「禮」這門知識。因為他在周朝是平民，不能受到正規教育，但他能從旁自習自學。為了對禮制的研究，便到祭祀周公旦的太廟，找了一個小工做，每次在祭祀大典中，不肯放過一個細節的制式，問來問去。由於他好學不倦，到了三十歲，已然成了「禮」學的專家了。

孔子研究禮制，認為周禮兼採夏商兩代的長處，所以他傾心拜倒周禮的創制人——周公旦。期許自己能像周公，也能輔弼明主，匡時救世。有了這個理想和抱負，使他奮力自強不息。但是他在魯國時，所見到的政治舞台，是不合西周的禮樂制度，同時幾個攬權的大夫，趕走了當時仍有童心的魯昭公，昭公逃到齊國。孔子氣得曾大呼：「是可忍，孰不可忍也。」他認為大夫是篡位奪權，破壞制度。因此孔子也離開魯國奔赴齊國。他在齊國，一住八年，時常發表言論。齊景公對他的治國主張很欣賞，雖然齊景公識才，但並不用才。孔子無奈，只好又去他國。

孔子真正能在政治上，有所表現的時候，已經是五十歲以後的事了。這也是有個機遇，因為魯昭王死後，定王即位，但政權仍為季孫氏大夫所擺佈，而季孫氏又被其家臣陽虎挾持，陽虎進而又挾持國君，但他卻看重孔子的才幹，曾多方面鼓動孔子，助其獨專魯政，去推翻國君的革命。孔子不為所動，對名分很執著，認為那是叛亂，不是革新，不願為陽虎所用。（「為虎作倀」的典故，大概一說是指孔子不肯助陽虎叛亂。另一說是助老虎作惡。倀的意思是鬼，是服從老虎的奴僕。）這一公案為魯國傳言著。此後，陽虎又被孟孫兄弟所逐，逃往他國。魯定公認為孔子忠義，開始任用孔子，連連升遷他到司寇的地位（相當現在的法院職務）。孔子盡力於政治，使魯國治理剛上軌道，他自己的政治生涯卻下滑了。他被野心的大夫逼迫下台，心裏是萬分不捨的，離職後，他又出國了。

史冊上說他，恓恓惶惶匆遽地周遊列國，拜見過七十位國君，途中所遭遇的困苦波折很多，這也正是孔子的人格和理念，在現實中的一種考驗。他幾乎被人誤殺，他在兵荒馬亂時，遭到飢餓。跟隨他的學生都發牢騷，他卻說：「君子固窮，小人窮斯濫矣。」這充分表現了孔子的修持及人格。

孔子花費了十多年的時光，自覺到今生今世，再也遇不到一位國君，願意實行他的政治禮制了。這時，他已是六十七八歲的高齡老人，於是，他又回到魯國。他已厭倦了為政的追求，於是，開始專職興學，在杏壇教育晚輩，朝夕和學生們講書論道。他們討論文化，重點都在人倫道德上，孔子把自己的理想，融合在精緻的傳統中滋潤生發，非常快樂，反而生活得安定，富有情韻。

他在魯國最後幾年裏，編輯《詩經》，訂定《禮》《樂》，著《春秋》，釋《易》傳。把前人的思想整理後，加以闡述。把前人的美德，加以强調。雖然他沒有能實踐周公之夢，卻使周公活在後人的心中，讓周公旦的體制，成為中國文化中的一個遺傳基因，淵遠流長。

他享年七十三歲，逝後，國際間諸侯貴族的氏室，日益專橫，例如齊國的田氏，晉國的韓、趙、魏諸大夫，都篡奪瓜分了王室，王室也無能為力干涉。歷史進入一個紊亂的時代，西周封建制度破壞了，諸侯國爭霸更加激烈，這時，也結束了歷史分期的春秋時代。孔子寂寞的死了。人類進入了戰國的時代。

孔子的人本儒學

孔子是一位儒家，他是以人倫為基調，從事報本復始，以求盡心的人本主義者。他的作風是將前人的精神遺產，集體的智慧，卓越的造詣，融會貫通為一種人生的理念，領導學者共襄古典文化的再興，人文儒者的復活。

在中國歷史文化的流程中，孔子的確扮演了相當重要的角色。至今，只要研究中國文化，闡述人生哲學時，大皆都以他為歸屬。在晚近的國際間，談中國文化，孔子就是著名的商標，和研究的對象。

孔子雖然生在兩千五百多年前，其思想觀念，或隱或顯能在中國人的意識中，保留到兩千五百餘年後的今天，並被尊為至聖先師，這是何等的剛健和氣概。不過，世界學術的自由思想，駁雜多元；人類個別文化的多樣性，和民族文化的景象，是否要全然走孔子儒家的步伐，好像應該有個新的認知才好，可不能夜郎自大呀。

一般人說起儒家，常和孔孟劃上一個等號，認為儒家所作所為，是孔子發端的哲思，要人實踐的。事實上，儒者在早古，是一種替人辦雜事的職業。而孔子自覺反思後的儒家，只承認祖述堯舜禹湯文武周公的業績。他稱道的先王（「先王」所指謂的是傳統），可見孔子自覺的儒家，是早期完備的設施，是卓然有立的傳統。孔子並沒有掠人之美，揚己鳴高。他只表示過述而不作，信而好古。但是，我們知道他的學說，有承先啓後的作用。在實際的人生裏，他肯定人的價值，是本乎人情，合乎人道的一種人性本質的善。所以孔子學說，要把這個性本善，用「禮」與「仁」的方式，發揚光大出來。

孔子將生活的內容，添進力量，再興美化。這也正表示他是富有歷史見解的人。他承襲在傳統中，不泥古，只選精取良，是有因有革，有繼承有建設的。「述而不作」是他謙虛，他是亦述亦作，在古傳統中，是新生代人本主義的學者，以傳授人文學關懷社會。

孔子能在自己生活的時代裏，用評鑑法，對前人的優點加以發揚，把先人沿習的制式，放在當代權貴朝政上客觀的比較，並加以評估。所以，在他編撰的經書裏，他褒貶歷史，臧否人物，取捨是非，察斷實虛，都非常活用。因為孔子思考的一套人生典範，是集上古四代文化之大成的精髓，再添加他自己的理念所整合的。的確，他不但能承先也在啓後。他期許著，且灌輸人類要在社會裏，去做一個幸福而有用的快樂人。這就必須先建立美好的人格為起步，中國古代雖然沒有人格這個詞彙，但有為人、人品、做人等詞，其意義與人格類同。所以，他的一套思想理論，也就成為中國人生哲學之一的儒學，孔子這一學派命名為儒家，是很特別的，他不像以思想命名，如陰陽家、法家，也不像以創始人的姓氏命名，如墨家等。儒，既非思想也非姓氏，所以被稱為儒家，是因為發源於儒。

孔子的學術理論，是以「仁」為核心，推衍出的一套倫理道德，再以仁為基礎，用「禮」推衍出的一套社會政治理論，從而去實現的人生藝術。然而，孔子的一套儒學，在兩千多年以來，卻不斷的演變和發展。先秦時期的儒學，只是諸子百家學術中，一家的學術。到了漢代，儒學成了古代經書的近親，像兄弟一樣不分你我。魏晉時期，儒學參雜了玄學的影響，使知識分子的思維和心理，有極大的變化，開始了較强的思辯性。到了唐朝，佛教道教日漸擴張，攪擾著儒學的獨大，但基本上，儒家還是成為一個政治性的地基。宋明時代，又因學者吸收了佛法道教的修行方法，仍然以弘揚儒家思想，宣揚孔孟學說，結果變更為一種窮理「成聖」做為目標的理學。到了清朝，儒學又演變為漢學，所謂漢學，事實上已偏離儒家思想的研習發展，而是以訓詁、註釋、考證古籍為主了。至於近代，學界的「新」儒家，多多少少是受西歐哲思一些激盪，反映著儒本身的基要特點，同時也因時代的不同，體現在其特點上的概念，有新的詮釋和發揮。如此一來，我們縱觀兩千多年的儒學史，它並不是一成不變的儒學，儘管它有不同流派，爭論不休，但儒學是有其特色不變的地方，否則就不會有儒家存在了。

我認為孔子的儒學，是以人本定位的。孔子要解決天地間人類的許多問題，必須深刻的認識人與人的關係，人與社會的關係，以及人性與人生幸福等等的問題。所以他是要從道德倫理的方向著手，才能解決人類之間的許多矛盾。因此圍繞這人與人，人與社會的關係，他提出「仁」的論述。「仁」這個字，若從文字學來看其字形的結構，是兩個人字合成的，若從字義上解，是兩個人相處而能相輔相成的意思。孔子提出這個「仁」字的用意，我們能體會它是一種人文的指導和作風。是為了知仁與行仁的終極理想。

我個人還覺得，儒學中的一部《論語》，能找到一些金科玉律的珠璣箴言，把握它，只要我們能堅持做去，大概幸福之門就為我們而開，求仁得仁了。

《論語》書中的內容，是孔子的學生，記錄孔子思想和感情的言行。雖然措詞簡短，但已很原則性、扼要的做了人生的銘言指引，就看我們如何去消化，將「仁」成為自己美好的行為和人品。

我們想，如果能拋開孟子以後儒學的偏差和流弊，踢開宋明那套「無事袖手談心性，臨危一死報君王」那種非佛非道，似心似性所做的闡釋，也不要把孔孟言論背誦為教條，要試著用自覺自證法，必然可以領略、感受到：實踐孔子仁學的某些教導，是很合乎人情和人性相處的藝術。這樣就可以進入一個屬於精神上，心理上，和諧的太平盛世。

就我們所理解孔子的儒學來說，首先要理解孔子的理想，他是以人文化成天下的。簡言之，就是生活的一種文化。也可以說他是為了倫理學、政治學設計的一種仁學方案。說得學術點，是把天性自發自動的善，落實到生活的藝術來履行「仁」。所以孔子關懷而致力的，正是一種人際關係和穩健而和諧的社會。經由他信念的內核「仁」，把愛心，層次遞進的發展輻射出來。這一根本作風，是以生活的規範，和心靈的培育，來達成生命的情調。這種以道德和倫理為方法，追求實踐仁的結果，是一種善惡命題的人生哲學。

果真能把握孔子思想的這個核心，念念自覺自行，生生不息，日新又新，人會發散一份華貴氣質，此時人與人，社群與社群，國與國，則無爭無忤，相處於一個安和樂利的世界裏。這是孔子的人生理想，人情安頓主要的思考課題。因為孔子認為人的價值有種潛能，人具有這個內在力量，也就是人的本質能力，因此人有道德的自覺能力，這是與禽獸之別，人的價值就是在於有自覺，人可以學仁行仁而得仁的。

孔子那份縱橫馳騁的才氣，可說非常博雅。我們無論從他的讀書心得，生活經驗，藝術鑒賞上，都明確的見證他的智力和識力的高強。我們若想認識孔子集大成的人文儒學，也要略備一些深學活用、自證求實的心態方是。

請看，世間的文化，古埃及，只賸下沙地上建造的墳墓金字塔；古希臘，能保留的僅僅是它的哲學與藝術；古中國的歷史文化，源遠流長至今仍健在，而幾千年以來，儒家的人文思想，正是這個健在文化持續成長至今的生命體的一個重要組成部分。悠悠歲月，雖然時間已使儒家思想衰老了很多，然而這個「仁」字的儒學，只要能配合時代，適當的新陳代謝，滋潤營養，則能耐得住老朽的侵襲，有絶對的免疫性。

下面，讓我們先拈出其堂皇的一頁。

生命價值的「仁」

首先，我們從孔子的言論中，要瞭解：凡是一位儒學的遵行者，必然是有專長、重道德、心理健康的人士。一個儒者，給人的形象是：進（古謂在朝做官），可以從事各類衆人之公務，退（古謂在野的平民），可以在任何境遇下，不失君子作風。孔子儒學的人生目標，還不僅於此，他說過：「君子謀道不謀食」。認為求衣食的儒者，只是小人儒，是早古時候的儒，他要建立的理想儒學是君子儒。這已明顯的是把以往的儒者質變了。所以孔子對學生說過：「女（女與汝同）為君子儒，毋為小人儒。」意思就是要謀道，不只是為了要求職業。

通常，一般人的生命氣質，在生存的困頓和感情的激擾中，是有不同樣的表現，也有不同樣的處理和解紛。孔子儒家的氣象，所謂的君子儒，又是個什麼樣的作風和學養呢？

《論語》是孔子的學生記錄他對人生問題的許多對話。而整本書中傳達的信息，是以「仁」為思想的核心。那麼我們就從「仁」字開始，探索其意義和價值，去瞭解一個君子儒的培育吧。

《論語》〈為政〉篇裏，孔子說了一段話是這樣的：

子曰：吾十有五而志於學，三十而立，四十而不惑，五十而知天命，六十而耳順，七十從心所欲，不逾矩。

這段話，可能是孔子表示到達「仁」境前的一段過程。或說是一種階段性修持「仁」的情狀，也或許是他學習「仁」的一段心路歷程。倘若想成為仁人君子，就要如此這般，漸進而來。想要成為一個從心所欲，又不出錯的人，是要花時間去學養「仁」的。所謂積久成習，習慣成自然後的結果。

我猜想，這段話不會是以十年為一個階梯而上，即可成就的。因此，我認為孔子思想核心的「仁」，基本上是一種能力。是要千錘百鍊的學習。或者說它（仁）是潛在的本能，必須以意志把它挑引出來，應用於生活上。所以孔子要「志於學」，要有決心的學，涵養出這個潛在的能力——「仁」來。也就是把仁的本來面目（善性），實現出來。

孔子學「仁」，直到做任何事，皆無所差誤的境界時（從心所欲，不逾矩），他說他是經過漫長一段歲月鍛鍊的。這是孔子的謙虛。因為，往往也有例外的人，這就有點像佛教禪宗的「頓悟」，是天賦而有的資質。否則我們用一生的時間去學、去立、去不惑、去……到不逾距，豈不是對人無比的挑戰？這就會讓人望而卻步了。

其實，孔子只是把這種進行仁的能力，順序化而已。他用年齡劃分程度的上達，只是一個比喻。所以他說，自己在十五歲青少年時期，立志學「仁」，這就看出孔子與衆之不同處了。一般少年人的志向，恐怕都是要做大官、軍人、醫生、老師、藝術家、科學家、影劇明星等等，怎麼會想到去做個聖人，做個君子仁人？即使一個成人，也不見得立志為聖吧？老實說，我不會去做壞人，但也不想做聖人。做個「賢人」是很不錯的。這個想法的百分比，在人們內心，肯定極高。（大都是凡夫俗子呀！）

孔子說的「志於學」，「學」，是學什麼？歷來的學界，都解釋成求知識求學問。我的看法，就是學「仁」，孔子立志學「仁」，我前面已說了。至於什麼是「仁」，我們放在後面再討論。孔子不斷的學習，培養「仁」。十多年的經驗後，「三十而立」，「立」，是指堅定了。他堅定了這條路線是走得對時，因此加強意志力，繼續「仁」的活動和發展。

「四十而不惑」，此時他更加不懷疑「仁」的履行活動。「仁」的行為是一種真理的藝術，是善是美的愉悅之路。所以他繼續努力發揚，又使他自覺體會了人道（心靈）的本質，和天道（宇宙）的本然，實際就是「仁」的一體兩面。此刻，「仁」之於人，會是一種不可侵犯的力量。孟子的性善學說，大該是本於此種理解而來。

記得蘇東坡有句話：「……卒然遇之，王公失其貴，晉、楚失其富，良、平失其智，賁、育失其勇，儀、秦失其辯。……」可以用來形容「仁」這種不懼的力量。這種力量，可以擊敗富、貴、智、勇……，我再加一句，它還可能戰勝死亡呢！用句現代語說，此時人的能力，已把愛及正義，納入自己的生命內。這個等同生命力量的大愛，豈不是有點兒像孟子所說的「浩然之氣」嗎！這不也有些像文天祥那種視死如歸的正氣嗎？所以一個有大愛正義的人，是可以跨越死亡的。

孔子五十而知天命，理解到天人合一時，這就是與天地同德。我們對天人合一的理解是：宇宙孕育大地，大地滋生萬物給生靈使用，人能仁愛天地萬物與自然共存，此謂之天人合一。其實，說白一點，就是宇宙萬物與人類的和諧關係，並非什麼神秘要去窮究。知天命的仁，也即是愛護自然界與人的生態關係。

孔子到了「六十而耳順」，這代表懂得自然界萬物與人類的相互依存之後的一種心態。並非實際的六十歲才能耳順。此刻，人的高尚人格，能對各類生靈，以及萬事萬物，一視同仁，了無分別的愛憐，而能不偏袒的對待。「耳順」正是指謂此一生命的情調。這個生命在世間有不忍人之心，慈悲為懷，心良性善，能珍惜一切。

等到所作所為，心無掛礙，能從心所欲，而不出錯誤時，歲月正當耄齡的高壽了。所以他說：「七十從心所欲，不逾矩。」這時，一派清心寡欲，自由而逍遙，喜悅而幸福。這種喜悅發自內心，而不是外來給予的快樂。生命價值的「仁」，就是這樣的情態。

孔子作此見證，無非是告誡弟子們，學仁達仁的終極理想景況。有理想的人，才有理想的社會。孔子要求人人盡力的去學習做一個仁人君子，做好人與人相處的和諧關係，做好人與人共存的理想世界。因此，學習「仁」，就是人類快樂幸福基要的實踐法。立志，去做，就能成。

但是，話又要說回來，什麼是「仁」？怎樣做才是仁境界中的君子？我們前面所談的，仍然會使人像對丈二菩薩高高在上，摸不著他的頭頂，弄得似懂非知，有些混沌之感。可見《論語》中的語彙，仍要「詮釋」、「今譯」去探索。因此，我就「當仁不讓」，姑且權做解人，試為解說一二。也許會像漢代被放逐的蘇武，在牧野茫茫的大漠裏，在荒原寒風的苦旅中，奮力尋尋覓覓，了無所見。但我要憑籍著自己的文化熱情，說不定，帶領讀者見到一畦沃土，或是一泓甘泉。下面讓我試著釋「仁」。

「仁」的認識

《論語》裏，孔子和學生討論「仁」的地方很多，但是沒有給這個字，下過定義和界說。我們即使在辭典中，也很難找到明白的解釋。什麼「仁者人也」，什麼「仁，親也」，什麼「仁，乃仁德之稱」。辭典裏，都是這麼不清不楚，不能給人完整的解說。另外，唐朝韓愈說：「博愛之謂仁」，算是儒家學者共許的註釋。但是「仁」究竟是什麼？兩千多年來，歷代學者們，各自表述，也莫衷一是。大概「仁」的涵蘊，是非常豐富的。因為〈里仁〉篇裏，前半篇幾乎每個章節裏，都有仁字，然而依舊不能讓人一目了然。但又不完全讓人懵懵懂懂，有不知的迷惑。因為古代以龜骨、竹片等材料代紙，刻字在上，用語必然經濟簡約。是故用極少的字辭，承載了超負荷的語義和信息在內。我們只有自己去體會了。

一個「仁」字，孔子沒有準確的去定義它。但是它可以是個概念的字。雖然《論語》中有許多不同談論，卻沒有肯定的界說，基本上，我們還是可以掌握到它代表的意思，理解它大致的內涵。倒是樊遲問夫子：「仁是甚麼？」時，孔子只說「愛人」。這是簡捷有力的一次回答。

以我個人的認知，「仁」，在孔子的自覺中，可能是一形而上的字義。孔子極聰明，他知道形而上的玄妙是不易說得清處的，故避而不談。他討論的「仁」，只是概括在世間文化中，人事的行為活動上。因此，我若來解釋這個「仁」，就認為它不僅僅是名詞，也是個動詞，甚至說它也是個形容詞。「仁」，不但是一種活動，也是一種心態。也許我還可以勉强解釋它，包括了自愛、相愛，擴而充之到博愛。「仁」，也是和諧人際的活動，做人的極則（道德上良好的行為）。簡單籠統的說，就是培養德行成為第二天性。這就能表現人格的高貴，發展人性的光輝。當然這還不夠說明它的內外實質。容我用現代一些抽象名詞來比喻，「仁」，它的因子組合著：真誠的謙讓，正義感，勇氣，負責，寬容，守信，惻隱心，理智，布施……等等美德。大抵說來，這些只是構成一個人的道德活動，屬於「仁」的一些表現。

換言之，「仁」是一種內在能力，是能力，就需要學習鍛鍊和培養，學習就要知識的指導，鍛鍊培養就要功夫和時間了。

至於「仁」的本質，孔子說是人人皆有的一種美而善的性能，人人有這個「仁」的存在，是與生命俱在的，它只是潛隱著，不易出來。如果按照孟子所說，「仁」是人性皆有的善端。這麼說，又已涉及到形而上的範疇了。

孔子儒，談的都是以仁為主，站在人本位的立場，討論人生實際的問題，他避開談論形而上的玄學。這也表示他實事求是的作風，而不是他不知形上本體，否則他不會說「仁者安仁」，「求仁而得仁」，那種心靈自由，在仁境中本然的一種喜樂了。

孔子的儒學，是要求一個凡夫俗子，氣質變化而為君子仁人，是有一套步驟的。《論語》記錄著「知仁」，這是第一步，認知什麼是仁？可是語錄裏，沒有正面答案。如果我們用「以經解經」的方式，是可以找到一句：

人之過也，各於其黨，觀過，斯知仁矣。

觀過知仁。這是反證法，好像太簡單了點。假使孔子把「仁」下了定義，或是說明它，那就看不到孔子的智慧了。他雖然用「觀過」兩個字，解說對一個「仁」字的認識。要知道，人類犯的錯誤過失是數不清的，那麼由觀過去認識仁的方法，也可以是無數的了。因此，他又何必把仁去概念化確定了呢？孔子覺得人人在生活中能意識善惡，是會有是非明辨力的。

語錄裏還有一句：「己所不欲，勿施於人。」這是我最鍾愛的一句箴言。其實，儒家的方法，就是從自身的需要、願望中，體察和理解他人之需要和願望，自覺地調適人我關係。孔子還說：「能近取譬，可謂仁之方也。」按照這個理論推想，若是「己所欲，而施於人」，也能解釋什麼是「仁」嗎?!嚴謹的邏輯可就不對了。

孔子的自覺力很強，對人情事態，深入的觀察，知道善惡的出現，其等級和成份有複雜性的不同。如果把相反的典型，予以黑白具體化，人類的行為則可能出現兩極，而人也就只有兩種類型了。因此，他不太談相對和絕對之言，而是多元性質的討論。難怪他答學生問仁時，沒有標準統一的解惑。

下面我想用瑞士哲學家，派拉西索斯（Paracelsus）的一段詩，說明「知」的重要性。詩是這樣：

一無所知的人，就一無所愛。
一事不做的人，就一事不懂。
一事不懂的人，就一無所值。
那能夠懂的人，就能夠關懷。
那能關懷的人，就能夠去愛。
懂得越多的人，就愛得越大。

我覺得這段詩，可以詮釋「知仁」。因此，「仁」，也可以籠統解說它是一種廣義的關懷，是道德意識的泛愛衆。深化的「知」，才會有愛的心態和活動。

現在我們約莫知道「仁」，已冉冉地浮現出一個甜美的「愛」的氛圍來了。那麼我們生活中，就可以用愛來實現它。然而，現代的觀念：愛，是有類別和層次的。愛，有給有受的形態。愛，也有生物性和文化性的內容。我個人所感知孔子「仁」的實現，若用愛來表達對人類的關懷，應是屬於層次性的，給予性的，以及文化性的。

我前面說過，「仁」，不但是一種活動，也是一種心態。我們還可以解釋為自愛，相愛，到博愛。這顯然是層次性的，這是孔子自覺到人情中天然的等差之愛。給予性的，不一定是金錢物質，精神心理上的給予，是孔子最高級的給予。至于文化性的，則是相濡以沫了。這是要親近人格高尚的人和事，聽其言，觀其行，自我去追隨模仿的。這也可以是所謂的環境，近朱者赤，近墨者黑，一旦行為習慣了，文化的樣式也就定型了。

長久以來，人類的理性，是為求得一個好的生存時空，而不停的努力。兩千幾百年前，孔子的思想，就是對社會人群一些根本問題的思索，再融合遠古的歷史經驗後，又把他自己體驗到的一種境界，用一個「仁」字來闡述，創立了儒家學派。這個「仁」的精神及作用，引為道德核心，要求人類發揚出來，這又必須先要從自身實際生活做起，知道自愛，學習愛人，等到大眾互愛，社會才能相安無事，人民生活康寧，世界自然太平。

可是人們如何把「仁」的能力，有效的表現出來，孔子沒有明確方法的說解。也許孔子因材施教，不固執一法，所以有一大堆的前提可以去做；如「推己及人」，如「設身處地」，如「能近取譬」，都是自覺的調合人我關係。又如「克己復禮」，這是仁首要的最佳表現，求仁復禮完全取決於自己。由於孔子心存回復周禮為己任的抱負，他還積極的用「仁」來釋禮，他說：「人而不仁如禮何？」他把人類不仁愛，視為禮樂崩析的主要原因。他所期望於人類為君子仁人的途徑，是誨人自省的道德修養，把禮作為最重要的行為原則。而禮是一個包含著相當廣泛內容的範疇，幾乎可以成為傳統文化的同義語。

西周禮制訂立的親親、尊尊血緣規則的宗法制度，到後來，孔子把禮列為人人可學的對象。認為不論門第出身，職位高下，只要能克己復禮，就近似仁人。他還說：「一日克己復禮，天下歸仁焉。」可見禮在周代形成系統的制度，經過孔子發展，內化為修己，外化為治人，把政治道德融為一體，從而具有所謂的「內聖外王」雙重功能。

當然，學人所認識理解的「仁」，不盡相同。我覺得孔子得意門生之一的曾子，他所懂得的「仁」正是作為內聖外王之用的「政治」之仁。四書中，曾子的一篇《大學》論文（大學之道，在明明德，在親民，在止於至善……），就是一套為政者學習「仁」，認識以「仁」為領導的方法論。讀者不妨拿來參閱。曾子這篇文字，是他對孔老師「仁」學的心得，在於政治上德治的引申。但以今日政治學觀之，如果僅僅以道德治國，也就太不可思議了。不過，至少政治人物，基本上仍要有道德修養，是絕對不錯的。

我們對孔子學派的弟子，曾子看「仁」最後的目的，無非是闡釋儒家政治思想的核心內容：以德治國。由此可以認識到，曾子把孔子禮的制度，補充發展，從修己之道德，到治人之政治，看成是一而二，二而一的事了。

對於「仁」的認識，學人都有解讀的自由心得。以我個人的臆測，孔子的「仁」，實際是修行至聖的一種本體境界，他知道一般人資質不高，不可能達成，最多到「知命」的階段，在世間做一個賢者而已。所以他要求的仁人（聖人）不多，同時期的人，只有一個顏回，而君子（賢人）倒是不少。所以孔子的仁學，只到位在人文教化的活動範圍中，雖然揭示了各領域的泛道德性，他並不做超凡入聖的大力闡釋，這是與宗教界截然不同處。這也可以看出孔子，他的情智是多麼豁達。能使中國文化充滿著道德精神，與仁愛的價值系統。

有關「仁」的認識，我們就談到這裏。下面就要去表現「仁」了。

「仁」的起步

孔子以人本主義用「仁」的表現，決定我們文化人格的素質。所以一個堂堂正正的為人，首先要自重自愛，擴而充之去愛人，這一開始，正是曾子在《大學》論文裏的「明明德」（知仁）。這個明德，首要的是有誠意，然後一步步正心、修身、齊家、治國平天下。看來這個步驟，「仁」的表現，是在自己和家庭，這個基本單位裏起步的。

儒家所倡親親、尊尊的原則，產生孝的觀念，不僅把家提升到人生中最重要的生活群體的地位，而且把孝行，確定為最具普遍性的道德，是最基本的倫理價值。《論語》中提出：「孝悌也者，其為人之本歟？」這裏還表示人性的良知良能，也就是「仁」的源頭種籽，是人的天賦。因此「仁者愛人」，就是說，人是先以愛自己的父母為起點，再輻射及他人。所以孟子也强調說：「仁之實，事親是也。」「親親仁也」，都說明「仁」起步先要愛父母。

當孔子說：「……父父，子子」這個意思就是說，父母親要像個名正言順的父母親，是要負責教養、慈愛子女。老實說，一個家的成立，是一對男女結合定居的處所，婚姻的意義是為了生育子女，家庭是為子女設施的城堡。所以子女也要像個子女的樣子，感恩養育，成人後要善盡孝心。因為孔子表明過：「孝悌也者，其為仁之本歟？」因此，孔子的學生們，先後就問孔子「孝」的問題，也就是怎樣去愛父母，盡孝道。孔子答覆了幾句不同的話。也是說明孝心，是有不同能力和程度的。按孔子的意思，「仁」表現的力度、深淺不同，孝心的質量也不一樣了。請看孔子曰：

無違。

父母唯其疾之憂。

今之孝者，是謂能養。至於犬馬，皆能有養。不敬，何以別乎！

色難。

這四段話，正是指晚輩對長者的愛，是有不同能力的表現。悠悠千載以來，仍然是孝道有力的辨識。

第一句「無違」。

這只是不違背老人家的心意，比較容易。老年人的物質欲比較淡泊，晚輩不難負擔也易辦到。精神上的慰藉，唯唯諾諾，那怕聽老人的嘮叨或指教，沒有嫌煩的表示，儘管你左耳進右耳出，老人仍然很快樂，自覺做了顧問，關懷了子女。這種虛虛實實，人子都能做到也盡了心力。我們用粉紅色的愛，來比喻這種淺淡的孝順，這是和煦溫暖的親近，色調間雙方有其美感之處。

第二句「父母唯其疾之憂」。

孔子這句話較為深入了。這是指子女憂心擔心父母之病痛，即使在做其他重要的事時，仍然無時無刻不掛心著父母，不能一刻或忘的心情。若能付出這樣的關懷，這份孝心則濃而有味了，這愛心已進入正紅色，鮮麗醒目了。

接著孔子又用不客氣而批評的語氣說：

今之孝者，是謂能養。至於犬馬，皆能有養。不敬，何以別乎！

這段話，著重在一個「敬」字。意思是說，僅僅以衣食供養父母，就算盡孝，那麼飼養一條狗一匹馬，這些寵物，也是要餵飽牠們的呀！沒有端肅的恭敬，何以尊親？所以外表的恭，內心的敬，才是尊親的真實。否則與養動物又有什麼區別？孔子這一聲木鐸，是震天地之響聲呀！

孔子談孝，我認為「色難」這樸實的兩個字，是最中肯的交代。所謂色難，就是態度好壞的問題。長輩有風範，晚輩有風韻。「色」是雙方的尊重態度，具有道德價值的相對性。並不是單行道。我肯定不是搞甚麼「三綱五常」，一方絕對服從一方，履行一切不合理的義務。我們認為，那是會錯孔子仁學之意，內容被扭曲的片面運作。這種道德分位，無疑造成特權了。人與人態度平和與心靈坦蕩，愛的表現，自然誠於中形於外了。態度不好，什麼善意都付諸江流。不但親子如此，推衍至外人，也是一樣。是故，我說過，愛是一種能力。即使最親的血緣關係，愛，也要學而時習之。所以孔子說：「君君，臣臣，父父，子子。」都是要有尊敬態度，以仁為起行點，態度極為重要。至於君不君，臣不臣，父不父，子不子，天下就大亂了。所以「仁」是孔子人生教化的核心，從家庭開始生根，擴大發揚出來，成就泛愛眾。

現代字彙這個愛字，就是孔子指點我們要以仁為修養的目標，也就是培養愛心。下決心去做個愛人的君子。如果真有此願力（志於仁、欲仁），「唯仁者，能好人，能惡人。苟志於仁矣，無惡也。」這段話，也正是說明他「耳順」階段的情況。對好人固然愛護，對壞人也很憐憫，人之壞，犯了罪，是無知而自私的。慈悲他感化他，也就是愛他了。現代根據犯罪心理學、社會學、病理學……等等分析，能得知犯罪動機而減輕罪行，這也是由於「知」的多方面，而能寬恕處理罪犯。這也正是仁的深化。

現在也許該請問孔子，理論上，「仁」的概念，我們已略識之了，問題是如何入門？如何實踐？照孔子比喻自己實踐的經歷，似乎是一生的歲月才能達成，一般人會嗎？我們翻來覆去，在《論語》第一篇〈學而〉裏終於找到一句，是很中肯的實踐法：

學而時習之，不亦悅乎。

不但學而知道了，還要去習作，做成了，則快樂無比。我來舉個例子，譬如，你想要學游泳，什麼自由式、蛙式、蝴蝶式、仰泳等，方法理論都好懂，你若不下水去游，又怎能說你已學習過游泳呢？下水去游，游的好壞是另一回事。再說個例子，這是赤子的作為。我們也許見過，一歲左右的小孩學習走路，他站起來，往前走，不穩，跌下來，他不在乎，又爬起來，再走，走一步或半步，又跌倒，他還是不罷休，一跌再跌，一直努力改善自己的經驗，直到突然能夠直立行走，這就是讓我們看到的赤子之心，一種耐力和毅力的實踐，以及其專注的意志力量。他終於完成他要獨立走路的壯舉。我們能走路，都是赤子時期的努力，只是現在忘記了。我們要做的任何事，都要帶些赤子之心，才能完滿。如果我們去愛，求仁得仁，應該是一樣。「好仁不好學，其蔽也愚。」那就是自欺欺人了。所以主動的關懷人，是一種靈魂的力量。

二十世紀，印度的德瑞莎（Mother Teresa）這位修女，她一切的活動，就是君子仁人的好示範。是我們當代，衆人所知的一位仁人聖者。

孔子期望人人能做到君子仁人，看來是一種理想主義。正因這些理想的人和事，在現實社會中匱乏，他才設想在紊亂的社會中，要有大量的君子仁人，才能扭轉亂世為治世，扶掖衰世為盛世。只要我們願意為君子仁人，人人都可以學習去做的。

當然，孔子也知道人人成為仁人，是勉為其難的事。但他還是說，任重而道遠，士不可以不弘毅。這話，我們認為，孔子是要知識分子忍耐著，用百折不撓的意志，達到仁之境地，這樣才能帶領風俗，起積極的作用。

最後我們附帶提一句「學而優則仕」，這是孔子的傳人，孟子的話。用白話說就是：學養很高的人，可以去做官了。也就是說：不但讀了書，還能自愛到博愛，而後再去從事公眾事務，就不會出太大的失誤了。

孔子根據「周禮」，稍加變通而強化的內聖（道德）外王（治國），是政治與道德合一的思想，並把「仁」賦以道德屬性。政治以道德為前提，外王以內聖為基礎。所以「禮樂」是最基本的制式，而且尊尊、親親要從修己齊家開始。才能培養一位君子，乃至仁人（內聖），仁人做為領導國家的官員（外王）。這就是儒家的德治天下。因此，仁的起步，開始於孝道。仁的目標，在於道德治理國家。最後能使天下太平。這是孔子的人生觀點，在春秋末期，他思考拯救人類的主要方案。

爲政以德的嚮往

孔子雖然到晚年，才專心從事講學的事業，他早年卻對政治很熱中。他在魯國也曾參與政治工作，而且地位也不低了，職位是司寇，相當今天司法界的首領。但是最後，仍然無奈的下台。這是宗法制度下，被强勢的大夫所逼迫。因為宗法，是以家族為中心，依血緣親疏而區分的階級制度。在封建世襲社會裏，是長期保存下的規律。孔子的貴族身分，早已因亡了朝代而衰落式微，他只因魯定公賞識得了職務，但他與魯國大夫作風不苟同，去職是想當然耳。他的一套政治思想，希望在魯國實行又未達成。讓我們看看他的主張吧！

孔子曾用批判的眼力，甄別文化和制度。我們在《論語》裏讀到：

行夏之時，乘殷之輅，服周之冕，樂則韶舞。

這的確是承先啓後的大手筆。這是孔子從夏、商、周，上古三代歷史文化中，選精取良，合時合理於當代的需要。他能回顧過去，並展望未來，而渴望著現在所失落了沒有的東西。

他所謂「行夏之時」，是推崇而維護好的制度。「時」，原是指時令的曆法，他主張統一實行夏朝的陰陽合曆，天文的曆法。因為夏曆（是我們所謂的農曆，或說是陰曆）對農業社會，是非常實用於作物耕耘時間的指導，是季節更替，氣候變化，自然規律的記錄。孔子認為應該保留一切傳統中，先人制定的各種好制度。所以他舉「行夏之時」為例，因為遠在甲骨文時代，就已經有記錄在實用了。

「乘殷之輅」，輅，是一種很大的車，在殷商時代，是一種載貨量很大的運輸交通工具。周朝車馬較小型，而且車馬上，裝飾很多的附件，華麗不切實際。孔子表示了經濟上，功用價值的取向。所以又以學殷商為例，改用大車載運貨物的意見。這是實際功能的思考，他提出的經世治用之道。

「服周之冕」，這是要樹立西周的人文文化，釐定生活的禮儀，分別人的身分。周禮非常繁瑣，上層社會與下層社會的人，一生中的衣食住行，都有嚴格的限制。冕是代表官職，孔子對周代政治官職的敬業，分級負責極為重視。所以引用至生活中的儀規，成為推崇周禮以為制度的秩序。

「樂則韶舞」，樂，是指歌詞、舞蹈、樂曲等藝文之事。韶，是指虞舜時代的一種音樂。這是因為東周當時靡靡之音流行，孔子主張遏止，要回歸到古雅的高尚的娛樂和運動。就像現代有人反對狂呼瘋吼的音樂，提倡古典的西方交響樂一樣。

孔子的政治見解，可說是以厚古來重整當今，做為去敝生新的原則。他期望能回到周公時代的舊觀，他對西周盛世的一切典章文物，只修正若干小地方外，可以說是全部接受的。他要達到「君君，臣臣，父父，子子」的理想，首先他強調要「正名」，他的意思是：貴族和平民都該名實相符，安守身分，權責分明。他厭惡僭越的諸侯、大夫、家臣，以及不安分的平民。他認為如果不「正名」，一切政事都不能上軌道。此外，他主張把「仁」擴充到政治上去，以愛民為政治目的。他認為靠法律用刑罰，並不是好的政治。所以他說：

道之以政，齊之以刑，民免而無恥。道之以德，齊之以禮，有恥且格。

這意思是說，用刑法治國，百姓雖不敢犯法，但不知什麼是羞恥，以道德仁義治國，百姓則知羞恥而不會去犯罪惡。

孔子基本上是主張仁政禮治的，他對他當代的期望極高，他的政治觀念，也有來自堯舜的作為。也許我們說堯舜的政治，好像有點虛無感。因為一點那時候的文物都沒有。孔子也許只是從商周時代的口傳歷史，得知許多可歌可頌可感的事，令他讚服吧？所以孔子把政治的架構，放在宗法上的倫理基石上之外，也加進了一些堯舜的遺風。所以也不能說純然是一種貴族政治，反而可以說是一種陳義高，道德君子的政治理想。

此外，孔子的倫理學，雖然是西周的禮樂再現，可是孔子卻認為先王的「道治」（傳統的自然政治）已經沒落了，這才出現西周的「德治」，當他自己生活的春秋時期，政治又混亂無德，所以他期以仁愛來扭轉乾坤，使之回到西周德治的政治秩序。他的思想裏，混合著堯舜時的自然，但又有中和禮樂的成份。所以是緊扣著兩極而莊嚴的組合，形成一個新的禮制，是把道德倫理的秩序，結構為一個仁治的政治主張。那知領袖們將仁錯為人了。

政治學本是研究理想的社會組織。因此，最好的政治，應有順天應人的制度。孔子「仁治」的政治思想，完美嗎？且看下面，大致的概括。

孔子重視西周禮制，認為禮不但是無形的法，也是人際的和諧秩序，他以這種秩序去通於治政的途徑，也就是以禮樂誨人尊從天意。早古所謂選賢與能的民意之治，孔子也欣賞，他並不完全認為封建世襲，就是設定了永不變更的大法規。他强調領導人，必須具備德行與才能，實行儒家中心思想的內容，基本要先從自身的修養開始。由此，可知孔子並非一個極右派的宗法制度的擁護者。他雖然沒有表白過，百姓有德智的人一定高於血緣世襲的人，而去反對封建貴族政治。他知道只有用教化，才能改造世襲制度。所以他委婉的只說：

為政以德，比如北辰居其所，而眾星拱之。
政者，正也，子帥以正，孰敢不正。

前一句就是有以身作則的含義。古中國的天文知識，已很豐富，據明末清初的大學者顧炎武說，三代以上，人人皆知天文，農夫婦女兒童都能於言辭中，隨口而道出星辰種種天象。所以孔子用宇宙星辰去比喻，提醒為政者，如何牧民，管理衆人之事。

「北辰」是指北斗七星，也就是大小熊星座。北斗星座在宇宙太空的天體上，特別明亮。其他星座四時的移轉，好像受北斗星的指揮一樣，北斗星雖然在四季也有方向的變動，而其他星座必然也繞著它轉動。把這宇宙中星球運行不變的規律，用以引喻一個政治領袖，要像北斗星，有道德才幹的示範，才能有群衆擁戴。是凡有德有能的仁者在位，百姓安寧社稷太平。領導者本身無懈可擊時，就只需發號施令。這就像滿天星斗，圍著北斗星轉了。

上面第二句，是季康子問政於孔子的話，季康是當時諸侯國中一位很有權力的領導人，所以孔子對他說：「子帥以正，孰敢不正？」子，這個字，是一種尊稱，字義是指先生。孔子、孟子、季康子，就是孔先生、孟先生、季康先生。孔子對季康說這句話的意思是：「先生呀，你帶頭有好行為，誰能不學好？」後來孔子的一句名言：「君子之德風，小人之德草。草上之風必偃。」也是對季康先生說的。孔子認為，造成風氣是要有「力量」的人來推行的。

孔子也談到君臣之關係，是要相互尊重，他說：

君使臣以禮，臣事君以忠。

這讓我想起十八世紀，法國拿坡崙全勝時期，有人問他何以兵士為他拚命，每一仗能攻無不取，戰無不勝。拿坡崙只說：「我把心給了他們，他們就把命給了我。」咱們歷史在三國時代，有段佳話，人人都知劉備三顧茅蘆，孔明就鞠躬盡瘁，死而後已。這說明尊重人和關懷人，在心理學指的是受者的回饋。俗說就是投桃報李。這些現象，基本上是人性的特質，所以盜亦有道。

孔子要君王以禮相待臣吏。禮，也是孔子倫理學說的重點。孔子說：「不學禮，無以立。」這話不僅僅是要知儀規，禮制，言行舉止的活動種種。禮，也是立身處事的指導。所以「禮之用，和為貴。」人人有自己的分位和職責，各盡其職。簡單的說，就是要你在道德規範內正正當當的去做人，按照複複雜雜的儀規去辦事。

為什麼做人做事要受規範？也許我們該先認識這個「禮」的本質。禮的本質是什麼？孔子沒有多做一些闡述，我們只略讀過其弟子和後來學者所討論的「大、小戴記」，但也無法詳論，完全是宗法社會的等級制度，可說是人一生的活動，都在其中行事。我覺得孔子講的「禮」是涵蓋多方面的，政治上、倫理中，禮的本質，只是秩序。

孔子對「禮」的安排，又可解釋為縱橫關係的和諧。從人際關係看秩序的推演，孔子又具體化了「禮」的分別；他分職權的上下，品德的高低，年齡的長幼，而有先後的禮，這就很明顯是一種秩序。所以在一般生活中，有序德（品格），序爵（職權），序齒（年齡）等等禮節，都是禮樂系統的一個慣式。那怕是生活中一個宴會的安排，客人的座位，必須以序德（德高望重的人）排在首位的，依次才輪到官職高，年齡大。記得項羽的鴻門宴，項羽是主人，卻故意不讓劉邦坐首位，這在禮俗是很失敬的事，這表示了項羽的驕狂，以傲慢鄙薄對待劉邦，而劉邦的忍辱，負重，亦屬不易。

現在的宴會，一般已不太講究禮了，推來讓去好像都很謙虛，可是敬起酒來，又兇神惡煞。想起自己的一個經驗，說說也無妨，只是給讀者付之一笑而已。有一次，台灣中華日報社，請幾位寫專欄的作者吃飯，其中有年長的前輩，也有國會議員，也有官員及文教界人士，大家飯前隨便聊天喝茶，那知要開席了，反而都客氣起來，你推我拉，誰也不肯上座，因為只有我一人是女性，有人拽起洋文說：「Lady First!」。當時我還是不惑之齡的人，我就說咱們還是序齒……，他們不依，擾擾攘攘很久，第一道菜上桌快涼了，我也不太會客氣，心裏想，我可要循古禮，序德吧，嘴裏可沒有說出來，於是我就往上座坐下，他們也就不再推讓，隨便就坐了。此一小事是題外閒話本不該講它，但以小見大，也說明人類事物中，沒有秩序，沒有節制，沒有安排，沒有慣例，勢必會牴拒衝突，添加許多紛擾。

另外，我記得六十多年以前（三〇年代），家中宴客，或與家人外出作客，大人在正廳飲食，而小孩子則在另外一間吃飯，菜餚雖比長輩的簡單，營養可亦不差，大皆由母親或僕人照顧先食，餐桌禮節也一絲不苟。如今來了美國，華人邀宴，經常有大人小孩數十人之多，擠在一室，主人往往先讓小孩取菜食之，小孩一哄而上，結果大人不但吃的膳肴殘食，葷腥佳肴已剩下「道光」（倒光）年代的古董盤碗了。客、主也不以為意，孩子的父母們說笑著，還認為這些子女很自我獨立，是西方重視兒童的文化。我這老人就奇怪哉！我的經驗是，參加西方友人宴會，很少有小孩同時與會的，即使有，也不見上述華人在美請客的方式，任由孩子的自私行為，可以把一隻整雞全鴨取走半隻，一人食用。我回憶這些，並非指責誰，中國戰亂太久，文化中的生活儀規都失落了，這都是人類品質的素養呀！成年人至少對自我與自私，獨立與獨占，是有迴然不同涵意的理解。很多華人都能匯集中西文化精緻的高雅風範，我本不該說這些閒言碎語的故實，更不是責備，像前述這種寵愛子女的放任，也許只是一時的忽略管教。

孔子言「禮」，確實是明分際。在政治上，倫理上，都特別強調。他用「禮」為自律，要人人行心之所安去盡心，有平衡的穩定性作用，因為禮的架構，引申了義務、權力、自制、自在。我們借用會計術語，就是收支相符，沒有呆賬。在心理學上說，就是知、情、意平穩，沒有壓力，人格正常。在市場經濟學裏，是供求平衡等等，都可用來比附雙方以禮相待。

然而，儘管孔子的政治主張，是以仁為基調而闡發，儒家的精神以仁為依歸，實踐仁治的方案，仍是要落實到禮的制式，這個主張能否成功？或只是一種理想？孔子卻顧左右而言他，輕輕鬆鬆地只說：

足食，足兵，民信之矣！

這是說明一個穩固的政治，需要民衆的擁戴，首先得把經濟和國防搞好。老百姓對政府有信仰，基本上是生命要能安全，生活要能溫飽。我想孔子的時代，百姓生活比較單純，所以他的政治觀，看起來不是法規的結構，制度化的建設。而是道德能力的自覺、自立、自成。認為人靠理性的自律可以處理好人際關係，無需求助外在的力量。

今天的社會、國家，孔子的理想政治，恐怕只有「足食，足兵，民信之矣。」這句話，還勉强派用得上。今天的政治人物，能有最好的表現，大概也僅僅是讓國人生命安全沒有各類戰爭，生活安定沒有經濟危機。

至於以道德人品來管理衆人事務，對政客而言，恐怕是陳義過高了。今天我們的確缺少有德，又有智能的政治家。儘管有一部國家大法，這對私欲過强的政客，不過是束之高閣的裝飾品而已。

有教無類

孔子最大的抱負，是從事政治，但他的政治活動，是失落了。而他最大的成就，是講學，教育後生。在這方面，給予後世絕大的影響，因此有至聖先師的尊號至今。

孔子在教育方面，主張有教無類。他認為學習，是獲得知識和提高品德的必經路線。孔子是第一個倡導私人講學的老師。孔子以前，受知識教育的人都是貴族。因此他大量而有系統的將貴族的學術，傳播到民間。不分階層身分，只要願意求學，一律施教。他的學生，有事蹟可考者，大都出身貧賤，如顏淵、閔子騫、子貢、子路等等。這種教育態度，不但是以後學術平民化的開端，也是開啓後來「布衣卿相」，平民也能為一人之下，萬人之上的丞相。的確是一件了不起的新猷，也證明了知識在當時的力量。

孔子以個人在野的貢獻，造就了大批人材。又曾因率領弟子周遊列國，做過政治理論許多的宣傳活動，這也可以說是啓蒙了後來的戰國時代，平民遊說諸侯之風。

孔子不但注重智能教育，更注重人格教育。他的道德學說，人生理想，都是要求人們能做到君子和仁人。

孔子所教授的課本，主要的是：詩、書、禮三科。他曾說：

不學禮，無以立。

不學詩，無以言。

都說明人的學養及風流，是詩、禮、學術上後天的深造。孔子的開明處，並不是要學生一味讀死書，所以他說：

學而不思則罔，思而不學則殆。

這是說讀了很多書，不懂思考成智慧，就是迂腐了，會變成不切實際的「罔」（空無的意思）啦！白學了，是沒有用處的，頂多依樣畫葫蘆，照本宣科去教書。相反的話，一些聰明人，想得很多，沒有踏實的學識做基礎，而好高騖遠，好大喜功，其結果，也是一事無成的「殆」了，這對一切皆無濟於事，這也是很危險（殆）的。孔子又說：

吾嘗終日不食，終夜不寢，以思，無益，不如學也。

飽食終日，無所用心，難矣哉！

孔子大概是要求學人勤學讀書，從而能夠自由思考，獨立判斷，然後致用。

孔子還鼓勵學生要相互為師。他曾說：

三人行必有我師焉，擇其善者而從之，其不善者而改之。

所以子貢說，老師覺得人應該無常師。不要只認定一位老師學，可以跟任何人學他們的長處。因此，曾子會意的說：「以文會友，以友輔仁。」相互學習、砌磋才能進步。這些累積的經驗之談，都可以是我們的知識。

孔子他也自知不如老農、老圃，要能做到不恥下問，去求學求知，才能真正得到廣泛的知識。我不記得是那一位哲學家說過這樣一句話：你要有大學問，你就要向各種學問大家們去討教，或偷聽他們談的學問。這的確也是在學習，而且還不用繳學費。

後起的荀子，不像孔子瀟灑，他嚴肅的把老師的地位，放得高高在上。孔子很少提到老師如何如何，而談朋友的地方卻很多。他把師生列在朋友這一倫中，這是孔子聰明之處。他知道年輕人有活力，年老人有智力，接合活力的智力，能夠表現一些偉業。

子貢希望孔子多談談天道，他埋怨的說：「子如不言，小子何述焉！」孔子馬上說：

天何言哉？四時行焉，百物生焉。天何言哉！

他說這話是希望人也要自覺，自學，不能全聽人言，也就是要能觀察。

人有良知良能，是能獨立辨別的。雖然有史以來，已有很多先知先覺的先人，我們可以紹述以綿延傳統；倘若能古今相互參照，文化內容的審鑑，方能臻於美善；倘若能相互發明，文化形式方能推進高華。

信筆到此，使我突然想起當代的英國哲學家，懷海德（A. N. White-head）說過一句話：「一磅的身教，重於千磅的言教。」所以，做榜樣，比說教重要，作模範比談理論有效用。古代也有所謂「經師，人師」的說法。經師是指教授漢代五經，唐代的九經和宋代的十三經，也就是指書本知識。人師是指有道德的人，以其榜樣濡染學子做人。至於「天道」不言，那是進入形而上學的人類文化學去了。我相信孔子知道，朝夕相處濡染的影響力，大於說大道理的力量。所以他的言論，大都是學生問，孔子答。而且還看學子不同的程度，不同資質，給以不同的答覆和教導。這是孔子應材施教的一種方式。

孔子還有個特優點，他從不好為人師，自認為是一個夫子，他只說：「温故而知新，可以為師矣。」我們以看《紅樓夢》為例，當你十多歲看它，看完故事就算了，頂多喜歡書中兩三個主角。當你中老年時，再讀它，則又有新的認識。總之，孔子的教學法，無論是講書或做人，我要借用中英文兩句現成話為形容：

中文是：「神龍見首，不見尾。」

英文是：「Oxford teaches you everything about nothing, and Cambridge teaches you nothing about everything.」

因此，我認為：偉大的導師，當如是。

不語神怪

人類在遠古，對許多事物無知，會產生恐懼。自然界的各種狀況，隨時都威脅著他們。即使氣象的變化，季節的轉換，諸如：風、雨、雷、電，驟來驟去，暴起暴發，冬寒夏炎。由於不知其原因，使人們非常驚駭。因此造成了許多想像的神怪，認為萬物都有精靈主宰，並且把它擬人化。這時侯人類的文化，由萬物都有精靈的幻想，成為宗教形成的第一個要素。直到人對自己生命死亡的疑惑，才要求生存的保護和安慰。因之，感覺需要一個全智全能的權力，以保證其將來，改變其過去。信仰這種有權力者，則會對之敬畏，對之祈禱，對之懺悔，以求平安。這以後，才出現用幻術、圖騰、生殖崇拜，等等敬畏和信賴的膜拜。看來也是聰明者，人為的引領。

原始的宗教信仰，實際肇始於祖先崇拜，這也許是最後的一個階段。也因此，原始宗教的人性化，帶來巨大的變化。久而久之，被信眾用神話傳為一個全智全能的神，宗教於焉形成不同教義的團體。

當人在危急時，往往有禱告、許願、求神、問卜之事，也屬人之常情。如今，各種不同的宗教，崇拜不同的神，又各有不同的教義和不同的儀式，其起源大致不出以上幾個因素的範疇。之後，人文學滲入宗教，也就都有其倫理、儀式、禁忌和戒律等等制式。這時，已是宗教發展到高峰完整的組織了。

上古時代的商朝，是崇尚鬼神的。人的許多事物，幾乎完全被迷信所籠蓋，各種自然現象都被神化，都被膜拜，認為鬼神的世界，和活人的世界有密切的關係。而且相信神鬼操縱著人的命運。人死是鬼，鬼與神通，故凡事有求，乞祖先轉達神，因此祭祖拜神，成為生活之當然。商代以後，周代的禮制，祭祀祖先的宗法觀念，一直延續到今，形成中國文化中一個「慎終追遠」的特色。

西周成王時期，由周公旦攝政，有很好的政績。「郁郁乎，文哉！吾從周。」這是孔子的話。可見那些多神的信仰，已為周朝的人文思想，取代了一部分。可是社會中仍然迷信神鬼的人，歷代都有，至今還是有人相信。但是我們看看，兩千五百年前，孔子對這類問題，有何交代。

孔子對鬼神的有無，以及生死之事，不願多談，只提過「敬鬼神而遠之」。也許，他是一位不可知論者，因為他說過：

> 知之為知之，不知為不知，是知也。

這是多麼真誠客觀的表示。他對死後來生，以及未生以前是個什麼景況，也無興趣討論。他是很實際的人本位者，所以他很有力，而且直截了當的回答學生所問：

> 未能事人，焉能事鬼？
> 未知生，焉知死？

看來他又並不完全否認鬼神的存在，而是認為先該把人做好，人人生活幸福了，再研究鬼神的問題。他說：

天道遠，人道邇。

古時候所謂天道，是指形而上不可知的事。天道的事太深遠了，做人的問題是現在的事。人事還沒有研究透澈，何必去討論不易知的天道？這話又好像有點消極的承認鬼神呢！難怪他說過：

祭神如神在。

可是孔子又說，如果要解除鬼神的疑惑，首先要明真理。也就是要恭敬誠意的有道德，有一顆優良的心，「正心」。人無愧疚，無憂無懼，行無不歉於心，鬼神的有無，也就沒有疑惑顧慮和恐懼了。孔子還舉了非正心的矛盾語句：

愛之欲其生，惡之欲其死，既欲其生，又欲其死，是惑也。

荀子也是大儒，他在所謂〈解蔽〉的文章裏，有近似「正心」的說明。荀子是這樣說的：

觀物有疑，中心不定，則外物不清。……見寢石以為伏虎，見植林以為人，冥冥蔽其明也。

這話也是恐懼感所引起的幻覺，但言外之意是說，人若誠正，就不會擔心而有疑惑和恐懼了。也許是荀子做人做事的雙關語，那就更有厚味呢。

生命在本質上，是一個奧秘，是一個源頭不明的河流。其微妙複雜的程度，無法想像。至今，科學、哲學，乃至宗教，都不能確定證實，人是從那裏來的，死往那裏去。雖然近代的進化論，現代的分子生物學，此刻的DNA，甚至基因譜也已發現不少，另外，演化基因學，能對生命產生不同「時代」情況的認識。但在古代，這類知識是還沒有科技能來說明的。長久以來，鬼神在人類思維中的概念和信奉，因人的識見不同，也有玄謬和排斥的不同詰解。孔子說得對：

未知生，焉知死。

未能事人，焉能事鬼。

孔子只把生命安頓在生與死之間，暫不去管生前死後，只要能在人生過程中，如何成賢成聖，所以他注重的傳授是：成德之教，成聖之學。如果你一定要問生前死後之事，儒家會告訴你：生前有祖先，死後有子孫。（這個觀念，也許就是後來所謂「不孝有三，無後為大」的引意吧？）這「後」還必須是生男，於是有重男輕女的思想存在。一者是宗法觀念，再者是經濟需要，而這些世情俗念，不一定是孔子的主張，而是人意識的功利作祟。

我們還是帶點文學意味的審美，去欣賞詩人張若虛在〈春江花月夜〉中的一句哲詩吧！

江畔何人初見月，江月何年初照人？

這句音調鏗鏘，節奏明白的詩語，包含玄遠之思的自然現象，是人對萬有的玄思冥想，但絕不晦澀，又有美感的預示。人生代代，江月年年。生前死後的問題，也是人類審思求知的事。但孔子的人本主義，在現實人生裏，有關神鬼之事，是可有可無的討論，難怪孔子是不太有興趣了。

「子不語，怪力亂神。」孔老師不談鬼怪，以及特異神靈，是人生的智慧。是人本主義的實際作風。

中庸品味的人生

以人文學而言，儒家給我們的不是宗教神學，不是教條的法禁和戒律，而是人生哲學的倫理道德。孔子說仁義，孟子講良知，宣揚的不僅是做個溫文有禮的彬彬君子，而且期許人性原本就有的良知良能，回歸至善性，展現仁愛，去對人類文化做一己的貢獻。

人的德性高尚與卑劣，就會表現於人的行為活動，我們為人如何，全依平日習慣了的道德如何。所以，一個時代，最可怕的不是國家山河的殘破，而是人的心性敗壞。收拾山河還比較容易，重整扭曲了的人性，就非常之難了，這不是政治和經濟的問題，或是有沒有文字知識的問題，重要的是價值觀念的教養問題。人性的扭曲，這是人文文化的挫傷，沒有祖孫三五代時間的重整，是很難恢復原有的價值標準。判斷一個價值的系統，是積累悠悠歲月的精緻傳統，過程就是敵對的生生滅滅的現象，不斷的新生，不斷的改善，不斷的合併或妥協，又不斷的淘汰或沉澱。事實上，毀壞容易，建立難。人類整個文化的進化過程，就是這樣。

孔子的思想，在《論語》中許多來來往往的觀念，我們要分開來看，他最基本的思考，就是人要能「修己為仁」。然後再導至各種事物的「關係」中，諸如：仁與倫理的關係、仁與政治的關係、仁與經濟的關係、仁與藝術的關係，甚至仁與信仰的關係等等價值序列。換言之，也就是把仁的觀念，去和各種事物底蘊的統一，形成一種融合的狀態。尤其人與人相處，時空無論如何變遷，待人接物，要永恆一貫，方顯示出人的本質力量。這是孔子儒學理論中的人文精神，人自動自覺的價值，要比超自然神的設定為高。

如果道德是生活的主軸，那就需要教育和努力去實踐，儒家透過「仁」的倫理道德，能在人的行為活動中表現，就能分別君子、小人的定位。孔子說有道德者是君子，無道德者是小人。這一來，把以往封有爵位和土地者是君子，一般平民大衆是小人的講法，完全推翻了。（按，孔子以前，封建時代，凡是封有爵位土地者即是君子，一般平民百姓皆為小人。）這一名稱的轉換，至今，我們皆承認品德高貴者為君子，反者是小人。孔子還認為君子，是人人自家能做得了主的「爵位」，人人有道德，人人是君子。以後就沒有人再能更換這君子、小人兩個名辭的概念了。

中國自漢朝以來，儒家思想的經典之作《論語》，在歷史文化中被標榜，被宣揚，的確是佔了顯要地位。就像後一個世紀的希伯來文化中，《聖經》在基督宗教上所佔的地位一樣。之後，《論語》能被世界各地所喜愛而研究，正和《聖經》被世界各地基督教徒，做靈修的指導一樣。因為人生哲學和宗教活動，皆有一套理想的生活方式，能做人類行為的鍛鍊。前者是以人為本位，後者則以神為至上。只是我們覺得宗教有些dogma，正信的教徒們像個孩子，生活空間有相當的制約性，否則不能算是教徒。而儒行的君子，則是自動自發，依循倫理道德的規範，是自己行為的表現。所以君子的「爵位」，可以是自封的呀！

這讓我想到基督教裏，人的原罪問題，其實我認為所謂的「原罪」，可能是指人性是惡的。因此，教徒信仰神，禱告神，神能赦免人的原罪。人生只要按照神的話語，規規矩矩做人，人死就能進入天國。（天國在那裏？沒有交代，舊約裏只是一些珠光寶氣的形容，你只要相信。）宗教的福音，是這樣解決生死問題的。而儒家認為人性是善的，這個特質只是潛在的，要靠教養去掀開「蓋頭」，仁愛之心就展顯出來了。這兩種方式的作風，都是來表現人類可以做到善與美。有宗教情感的，以信仰神，接受神的教義。有自覺能力的，以自動自發掀開愛的良知。文化不一，資質各異，人類各取所好吧！

此刻，我們正處於人文、科技，精神、物質，內外錯綜複雜的時代，大家一直和混亂的心情搏鬥，在現實中有不足和缺憾時，卻愈來愈多的墮落行為，都是為尋求自己的私利，而私利竟成為一般人，惟一有意義的存在欲求，和生活的價值觀了。這種風尚是不是很危險？我們是否該靜下來沉思一番呢？還是完全匍匐於現實，在無所適從的紊亂中，隨波浮沉？

真正說來，這紊亂的背後，是潛伏著一個重要問題：什麼才是當代道德行為的指南？誰能給一個價值系統的判斷？誰？人們究竟何所依循？

據《論語》裏說，遠古時，堯禪位給舜時，有句交代的話，其要點是「允執其中」四個字。舜也以之命禹，直到以後的文武王及周公，傳到孔子。孔子特別推崇這四個字，他說這是：「中庸之為德也，其至矣乎！」在孔子看來，任何一獨立的事物，都會有所偏頗的可能。因此，必須用中庸來調合。例如他說過：「質勝文則野，文勝質則史。」所以要「文質彬彬」，然後才是君子。這就是配合得好，不致使某一面發展過頭，流為極端。還有「學而不思則罔，思而不學則殆。」……等等。孔子的中庸觀念，是反對過猶和不及，固執一端，失之片面。他也强調中和，他曾說：

知和而和，不以禮節之，也不可行也。

說到這裏，讓我想到遲孔子一個世紀出生的蘇格拉底和亞里斯多德。他們認為一個人的德性，和人的判斷力之明晰性，以及自我的控制力，欲望的正常，這些都和才幹有關係。換句話說，一個成熟的智慧人，是根據經驗，不斷學習而有的一種能力。這也說明是需要長時間的磨練。然而，先哲也告訴我們可以找到捷徑，無需用一生的經驗去歷練。這個捷徑，就是中庸之道。因為人的每種性格、行為，都可分成大致的三類。第一類和第二類是左右的兩個極端，而第三類可稱德行的進路，這就是中庸之道。

我們不妨從一些名詞的概念上去審思。譬如勇氣這種德行，就是居於怯懦和鹵莽之間的。慷慨大方，就是居於吝嗇和奢侈之間的。又如禮讓的行為，則居於自卑和自大之間的。謙虛的態度，是狂妄和偽作之間的。自由思想，也就是極保守和非常激進之間的。甚至我們欣賞一個人的幽默，這幽默的語言，就是小丑和諷刺之間的。幽默不是十三點兮兮的，也不是自虐的。當然，這些譬喻，只是用抽象名詞的舉例，在生活中隨時能夠看到許多事例，從而也能自我檢驗，在人與人的關係上，大小的事件上，全在乎自己人品風格的運用。因為人類行為中所謂的善，其意義無非是該行為的正當與合適。中庸之道，就是要我們自己去度量，使之對人對己皆合適而已。一個人的態度中庸，這就像合金一樣，能得到靈活性，而且能使事物現象的「生命」延長，不至折斷。即使一個霸道的政治或外交，遇上不畏死的人衆抗爭，最好的解決方式，則也是中庸之道的改革呀！

有人說，（好像是南懷瑾教授）儒家思想賣的是米麵，米麵可以吃飽肚子（這可真的是孔家店了）。又說道家開的是藥舖子，可以醫療疑難雜症。還把各種宗教的教義、儀式、禁忌，比著百貨公司，好的壞的應有盡有。我們乍聽之下，覺得有些吊詭，再想想，倒也是有趣的比喻。今日世界，人類社會的許多行為活動，確實有不太健康的問題。像政治時時患感冒，經濟不時得驚風，道德成了不易治的腦震盪，教育害著偏頭痛……等等。我們不知道，道家有何醫療辦法，我們後面會討論道家的思想，親愛的讀者，請你稍候。因為民以食為天，人人要吃，來維持生命，米麵是主食，不妨到孔家糧食店裏走走，拾起《論語》，仔細咀嚼某些營養的維生素，它對精神生命確有作用。

倘若在儒家孔子品味的精神遺產中，探取某些睿智的引導，去實踐不亢不卑，不走極端，調整平和的感情，和彬彬的行誼去處事待人，就是一種中庸生活的藝術。至少將會有一輪無形光環在頭頂上，使我們氣質非凡，身心平衡，內心恬逸。別人也樂意接近你。

人類文明的躍進，價值的謀略與舉措，種種知識和努力，是人類命運之所繫。我們不希望人類的成長，老是搖搖擺擺，跌跌撞撞。深解世態人情的孔子，其中庸品味的人生藝術，是否曾承諾時空不同，人文指引，可以因時代而有變易？加進些什麼，減去些什麼嗎？看看一代代的新儒家，似乎都有不同的覺解，是否用的語彙概念，創造出研究的術語，令人清晰明白？這可不能是放在象牙塔內文獻的陳列。我們要能聽其言，而能踐其行的呀！

依我看，只要能夠豁然貫通的認識，「己所不欲，勿施於人」這句話，人類社會則和諧多了。這就是一個內涵「仁」字，在人生舞台上，多彩多姿內在誠摯的表現。再多的辭語論說，都是驥尾上嗡嗡作響的蚊蠅，我之長篇嘮叨的撰文，也是一樣的多餘。

現在讓我們總結一下孔子留給人類的禮物：

在教育上，有教無類，機會均等。

在道德上，鍛鍊個人的人格，成為君子仁人。

在倫理上，矗立情智交融，等差的愛。（親親、仁民、愛物。）

在學術上，編撰了《五經》。（《詩》、《書》、《禮》、《易》、《春秋》）

在藝術上，勉人尚雅。

在宗教上，不語怪力亂神，但是，祭神（祖）如神（祖）在。

在政治上，主張領導人要以德修身，以禮治國。

總而言之，孔子的理想是：人人被造就成一位紳士、淑女，通過「仁」的道德律，把理智、情感、能力同時到達一個美滿中和境地的人格。他把道德相等於智慧，能從容應對人際的事物，乃至國際之間的關係。如此，人類社會相安無惡，全世界能和平相處。除非你不願為，這表示是你不「知」，所以他的「法寶」是教化，用理性把人類的靈魂提昇至「仁」性。

儒家，正是以「仁」為目標，在孔子莊園中行走研習的學員，實踐為君子的理念，成就一種中庸品味的藝術人生。

餘話

我的腦袋裏翻滾著一些想法，兩千多年的儒學，不是一成不變的。對今人而言，孔子思想的理論序列，也許只是一項古文化的內容，但是儒家的行止，和人的心理層次，對社會和個體的行為，仍會有某種約束力的正面作用。人類行為，除了會受到人性中的欲望所推動之外，多多少少還會受公共道德所規範。人的情思活動，本質上，不僅僅只是對名位、財富、聲色有形對象的追求，也還有對無形精神價值的追求。儒學的規範生活，當時是理想的。

儒家思想，成為一種人文學派，即使它不促進也不阻擾政經制度的變易，也不表示它的人生哲理沒有價值。因為判定人類文化格調的標尺，可不僅僅是某種政治或經濟下的功能，還有倫理道德決定的人品。儒家敬始慎終的意思，就是從生到死，要人按照仁義的行為，在社會裏平穩的生活。這個內容的目的，是對生命的情與欲的安頓和提升，從而達到理想化的美滿。儒者成為一個賢人，是社會肯定的。因此，儒學也成了文化的概念。

代表儒家生命火把的《四書》，由先一代傳移到後一代，並沒有進入真正的主要道路上去。起先，漢朝以之為政治工具，宋明時期，又偏離核心內容，反而複雜起來，其途徑彎彎曲曲，添詞造語而晦暗，不但不見光明，反入混沌中。尤其宋人的闡釋，其文字實在不是供人閱讀，而成了供人研究他們闡釋的術語詞彙了，這種解讀《四書》，豈非怪哉！而近代為了要調整這個走調的「樂器」，也沒有有執照的調音師，去調整得更好。無怪只是亂哄哄一群現代無謂的論辯。儒家歌唱的聲波，像停滯在一處沼澤區的邊緣上，顯得微弱，失去力量。雖然如此，我們並不沮喪，因為沼澤可以調節自然生態。目前各種森羅萬象，缺點和優點糾纏在一起，孔子的儒學，確實很難立即做出定位性的研討，總是要經過翻譯、適應、滲透、融合，許多許多階段來釐清，與時代同步去闡釋去發揚的。

我總覺得，孔子所鼓吹的仁，像是分子生物基因的概念，在生命中是持續存在的，但是漢儒、宋儒的體質已異化，DNA分子的排列已不同，其中「仁」的性質，被演化得很冗腫。而孔子的人文儒學，我想用時髦的語彙說，它是一種訊息包裹的「仁」。是可以重複出現，告訴不同時代所需要的資訊。這正是流傳的訊息本身。訊息本身是種模式（pattern），孔子儒學的「仁」，是一個模式。所以至今在不同種族的文化領域裏，都必然有其模式的需要。

仁愛是人類相處的根，根，沒有問題，一切有關枝柯莖葉的問題，也就不是大問題了。可是儒家不重辯解，只重個人履踐，一個「盡」字，就是儒家工夫的訣竅。只要盡力做，盡心做，盡己做，則能明解生命的本質（這是孔子沒有去說的形上學），「仁」的喜悅。

今天我們生在一個享用物質的時代，各方面均充滿了科技創新的物具，而發揚仁愛，獨獨缺少更新的創見。也許有人會說，所有的宗教都已大力傳揚博愛，並付以死後的報償，不錯，這是宗教的最大福音，也是個人情感信仰上的事，我們不予置評。因為儒家的人文信念不是宗教，它是理性的學術。理性的人生，往往是從人類現狀的知識出發，所以發揚孔子儒家的仁愛道德，是可以與時而進的。因為孔子的智慧，不是對死去的沉思，而是對生者的期望。

知識分子都自詡是理性的，可是，當我們走近儒家莊園的門牆外仰望時，遠遠注視那位聖人——孔子，他的善良美質，讓我們在內心中渴望和他親近，也願意成為他莊園中的一員，然而，這個願望，如今又是那麼難於捉摸把握。偶爾，人們也能觸摸碰到他的衣袂，旋又因驟來的風雲推離。也許，在此現階段，人類還無能力完全都進入仁的活動，可是我們仍然會叮嚀而願意一代代的子孫，去認識孔子，至少能孺慕聖人那份儼然的魅力，濡染一些溫文的氛氳，使我們的文化生涯，端莊，秩序，和諧。

我個人認為，孔子提出的這個「仁」，長久以來，一直沉睡在我們集體的潛意識裏，我猜總會有一天，是要經過像似一個休克的心臟，需要承受一次强力的電擊，屆時，仁愛意識才能清醒，使道德、良知同在，語言、行為一致。人類的那一天，會風和日麗，一片美好光景。

第二部分　話　墨

醉夢在神性之國

人性，是善是惡的問題，至今衆說紛紜。人性的善惡，有何重大的問題必須要知道清楚呢？這個課題，在中國先秦思想史上，是為了要找出一個人生幸福之路的制式。這就和人性善惡有密切的關係了。因為當時諸侯國際間爭戰不休，社會上混亂無序，人民長時期痛苦不安，找不到心靈的出路來安身立命，躁切得不知何去何從。這時學術界雖有儒家的宣教，已不能支配人心，法家的變革，冷酷凶殘得匪夷所思，學者們，此刻自然會「談天雕龍」，認為要從根本的人性上求解決，這就不得不了解人性善惡的問題，然後才能有一套因應的方法。

當時有系統的學說和片言讜論，沸沸揚揚，翻捲得滾滾滔滔。主要的有孟子代表的「性善」論，荀子代表的「性惡」說，而告子認為人性無善無惡，揚雄覺得人性是可善可惡的。他們的爭議始終不能看法一致。公說公有理，婆說婆有理，然而也都能有自圓其說的一些論據。

近代學術界，又用自我、本我、超我，區分人類行為活動的善惡是非。因此又有人把這些人類的作為，形容成獸性、人性、神性的等次。假使我們從以上一大堆名詞術語的概念來看，那麼，人性的特質或本質，是很難以其中任何一種觀點來辨識的。因為除了告子，其他人所有的論點及闡述，所站的立場，都是以社會的，政治的角度來說長道短的。

我們若從社會秩序中、自我的作風來看，人性在自由意志下，是可善可惡的。但是在本體的形上學來說，人性是無所謂善惡的。若是用超然的立場，再又以生命的各個角度去看人的異化行為，就很可能；若不是神性的活動，就難免是獸性的表演了。

先秦的思想家，所以衆說紛紜，是因為沒有先界定範疇，再來討論，難怪莫衷一是，不能解決問題。這讓我們想起蘇格拉底在雅典時說過的一句話，「你們要和我討論問題，先要下好定義。」這是非常聰明有道理的，否則就會像剪不斷，理還亂，糾纏不清的謬誤。

先秦的思想家們，可能正是對人性的善惡，看法不一致不能確定，所以各家的人生哲學，對創造一個足以克制社會的制度，就會有「見」有「蔽」。因此先秦時代，百鳥爭鳴，熱熱鬧鬧的雜沓衆音，時興時落，仍然不能使人們遠離苦難。

其實，我們要大言一句：人的本質是沒有善惡的。要談人生，照說，先該認識宇宙，這是形而上玄學，或科學的部分。其次是人類學、心理學等等的研究。先秦時代對「知識論」的性質與範疇，好像只有墨子談到一些，但他並無繼續深究，因為當時思想家只認為倫理和政治是重大之事。所以大都把人性放在社會裏來判解善惡，而且用不同的道德標準來做計量。是故，在當時，道德的政治，道德的經濟，道德的社會結構，道德的行為等等思考，飛天蓋地的發表。於是「道德」的理念就譜奏著不全相同的音符。人們的生活方式，就經歷著不同的因果。在那段歷史的洪流中，不斷的為人接受，又為人揚棄。像似一個龐大的實驗室，時而吐故，時而納新，無可無不可，在各處生生滅滅的演變。

思想家對人生理念的宣導，不僅僅是坐而論道，還有人積極的起而勵行。他們闡發人類善惡的休休咎咎的調和，不是徒託空言，也不是一塘死水，是沸沸騰騰的悲情，悲智，和悲願。這些先賢中，就有令人敬佩的人物，近乎神性超我的勇士。

神，當然不是通常所說的人，所以「神性」的勇士，也只可以說是形容帶有神格的聖人。我們大衆都是平庸之輩，所以生活中，一切事物，都是為了滿足我們基本的欲求。一切生存過程，當然都會有個求溫飽的目標。可是整個人類的活動，每個時代都有些事物，被強勢力逼著去行動。成功的固有，大部分是失敗的。尤其戰爭，都是些一丘之貉，沒有大作為。只是使世世代代的平民小百姓，像在泥沼裏翻滾，弄得灰頭垢面，充滿著不幸。

今天我要介紹的主角，是一位熱情救世的鉅子——墨翟，他敏銳的神經，感覺到他那個時代，有很多的不公平，不道德。他認為必須實行有效用的規律，才能對抗現階段的強勢。他提出他認為合理化的主張，雖然他渴望的真理只是效用，是實施他主張之後的實際結果。所以他把思考的花朵，轉向人與物的功能上，使之發展出一種新穎的道德律：那就是讓貧困勤苦成為美德，並以最後的公利、和平為補償。

十八世紀英國邊沁（Jeremy Bentham）的哲學，「效用是一切的考驗」，和墨子有異曲同工之處。他們以功利主義為最高的道德價值。墨子的功利理論，比歐洲人的功利主義早了兩千兩百年。如今時空不同了，善惡的標準也已不同了。只有在特殊情境中，由某種特殊意向，產生某種特殊效果的行為活動，才會是有善惡之分的。僅以一種思想來定義善惡，在不同時空，就難有恆常的善惡界說了。

無論如何，我們心存感謝，墨子這位諤諤放言之士，栖栖惶惶奔走呼號，他在人生課題的盛筵中，飲了很多苦澀的烈酒，醉夢在烏托之邦，能夠赴湯蹈火，死不旋踵。他心靈的狂熱，在行動上燃燒，奔瀉出淋漓而又坦誠的威信，那份熾烈激情的力量，仆向一個革故鼎新的遠景，使其生命之火，在他身上明亮的燃燒，想必阿爾卑士山上的冰雪也蓋不住他的熱情。他不懼一切，和他自己所處的時代，對已有的道德系統抗爭吭吼。他挑剔傳統種種的錯誤，言詞犀利，純粹大公無私，為的是要興天下之利。他動聽的言論，像一塊磁鐵，把一大群人，都吸引到他的周圍，願意實踐他設想的未來幸福。他們付出全心全力，勤奮奔進。他們的行動，雖然像疾風一樣的掠過，所到之處，卻讓人有著夏日烈陽下的涼爽。但也相對的遭來很多嘲諷，和睥視。

然而，這個世界太大了，太沉重了，僅僅用雙手兩足的體力，要人們艱苦的，無怨無悔的去追求一個看不見的目標，果真能把社會移動到那個目的地嗎？

人，究竟是人，人性在不同情境裏，是難以捉摸定位的。人有時會氣憤一個現象，要去毀掉它，有時慈悲一個現象，要去幫助它。現象不同，想做的也就不同了。如果不分別現象，人性的表現是平靜的。因此，人性的「公義」和神性的「公義」是迴然有別，這也就是人類困境的相對論呢！

墨子的濟世思想不夠周全，他控訴不了人性的力量。這就注定了他那「公利」的夢境，「神性」的苦行，只是像吸食了「醚」一樣，芳香而酣醉的在創作一種詩篇。讓成人像翻讀幼兒童話一般的覺得膚淺有趣而不去當真。這種「詩篇」只會讓智慧的成年人，竊竊的訕笑罷了。然而，人世間，多麼需要超凡的思想，在苦難的時代來啓蒙來引領呀！墨子的抱負，只是醉夢在神性之國裏，消耗了一生的體能，沒有能到達實境的樂土，不周全的努力，雖然曇花一現，畢竟成了空。

無論如何，墨子他的行事，確實是具有無私的作風，熱情的奉獻，雖然他對「乙醚」似的美飲，令他不勝酒精的興奮，他醉倒在地上。我們只能說他的思惟，在歷史中，是功利人生的一位失敗者，道德經濟的夢遊人。

但是，我們承認：墨子是一位仁愛心腸的聖者，堅苦卓絕的鬥士。他又是一位具有神性意識、人性矛盾、意志澈底、靈魂高潔的先賢。

以下我們去造訪墨子。

後孔子的一顆彗星

春秋時代，諸侯各國，內內外外，時時刻刻有大大小小的戰爭。篡弒攻伐，虎噬鯨吞，層出不窮。孔子首先崛起，傳佈他的儒行救世思想，恓恓惶惶周遊列國，要把不上軌道的社會，帶回西周的盛世去。而事實不然，日以殺戮為業的野心家，在春秋末期，已把人生，推向一個極其恐怖的混亂世界。孔子寂寞的死去了。他並沒有看到天下太平，他的期望落空了。他的傳人，仍在努力著，可是國際間的關係，在不同的力量中對抗、掙扎、橫行、稱霸。

半個世紀之後，周王室一無作為，另有一批激進派的人物，要力挽狂瀾，道濟天下之溺。他們在儒家發祥地的魯國，積極發起運動，舉著反儒的旗幟，宣揚呼籲兼愛和平的人生。這就是由墨翟所領導，觀念嶄新的思想學派，大踏著步伐走進歷史。這時已是公元前四百年前後。

墨子，他實質上也有「周公夢」，也和孔子同樣恓恓惶惶，以救世為己任。當時有「孔席不暇煖，墨突不暇黔」的語言，形容他們的熱誠。而墨子比孔子，更有過之無不及。他也周遊國際間，也傳佈他的一套救世思想，也宣揚他的政治主張和道德規律。並且他還聯合弱者，進行對抗强勢文化的一場和平活動。擬以其口若懸河的辯才，打動世人的知覺，去變革政治倫理的制式，並倡導兼愛與和平的人生。

墨子積極的救世狂熱，我們可以這樣來形容：他像一個百經戰場受了傷，血流如注，仍不覺疼痛的戰士。他期望人類和平共處，所付出的一切，使他心力交瘁，仍然無怨無悔，他生命的火燄，直到讓它燃燒殆盡，嚥下最後一口氣為止。到如今，他的靈魂，留給後人的，也只是沉默的敬禮。然而，他給他那個時代的感覺，是活躍生動的快板節奏，特異而刺激。景從他的人，和景從孔子的人，平分了秋色，而旗鼓相當。墨家許多觀點，都是針對儒家的，所以當時儒墨並稱「顯學」。墨子有讓我們傾倒的地方，因為他是一位真正愛人如己，近乎神性的人物，也可以說他是一位富有幻想力，和富有宗教精神的巨人。

墨子思想的花朵，〈漢書藝文志〉裏表示，原有七十一篇之多，現在只傳下來五十三篇。這五十三篇中，包括了墨子和初期的墨家（春秋時代），以及後期墨家（戰國時期）的文章在內，共同結成文集而成的《墨子》書。墨子本人的思想，大部分是對學生的演講，由學生隨聽隨記。所以，每一個講題，至少有三種記錄。內容一樣，只是行文用語不一。後期墨家的著作，則是標題抒論，以及論辯之文，亦名《墨經》。墨家學派，比較重視語言中名詞概念中的分析，是論理邏輯的先進。墨子死後，墨家分列為三派。是故，傳本也有三種之多，所謂相里氏之墨子，相芬氏之墨子，和鄧陵氏之墨子。這些古文字，早年都是用竹片串之為冊，刻字在上，所以記錄非常質樸簡約。又因時空變換，輾轉流傳中，殘缺訛漏的地方很多。說老實話，讀起來很費腦力和時間。

墨子書中的理論部分，內文有許多古代的假借字，異體字，古今字，所以更加難讀難懂。一個字，原則上只應有一個形體，但是文字已有幾千年歷史，在發展過程中，有些字出現幾種不同的寫法（諸如古篆、大篆、小篆，甚至間有鐘鼎文、甲骨文）。直到秦始皇統一文字，才帶來了便利（現在中國大陸又倡行簡體，又多一種字形，將來讀繁體古版本的書，又多一層麻煩了。）。

先說假借字吧，它由於兼職多，往往一個字形會身兼四五種字義。例如債權人的「債」，古用「責」字借用。悅字用「說」來代用，捨字用舍代用……等等。再說異體字，則是指意義相同，字體不同，所以同是一種意思，有的字用鐘鼎體，有的用古篆體，有的又用小篆體等等。至於古今字就更多，例如孰寫成熟，竟寫成境，赴寫成訃，馮寫成憑……等等，字形和字體非常混淆。

因為墨子當時的門徒，是一般平民大衆，又多數是勞力階層的人們，他們語文的素質不高。從這一點看，也許正合了「言之不文，行之不遠」的說法了。其實這也並不很重要，重要的還是言之有物，言之有序。

《墨子》書是墨子言行的忠實記錄，大體分為演講類，是墨子對社會人生的看法和其改革的作法。其次是辯論，記錄墨子和當時學人不同觀念的辯說。之後，有很多篇章是反映墨子把科學技術的知識，應用到軍事和防禦方面的。最後是墨子和他的學生們，重視語言中名詞及概念的分析，對異、同的分辨，可說是非常明晰，包含的邏輯思想和體系，在人類邏輯思想發展史上，可與亞理斯多德的邏輯學，印度的因明學相比美的。倒是後期的墨家，文字不清不楚，反說正說，其方法是：「以名舉實，以辭抒意，以說出故。」完全是以辯論，攻擊當時諸家的批評。

我看我們還是討論以犧牲一切求富庶的墨子，他的原始思想吧！

墨翟何許人？

今天，我們要認識墨子這個人的身世，從歷史記載上找資料，就非常不幸。這麼一位革命性的熱情人物，卻被時間之潮汐，沖洗了他出生、成長，以及他許多活動的印記。由戰國至漢初，孔、墨兩家是並稱的，但我們在《史記》中，也只看到寥寥無幾，語焉不詳，而且有種異乎尋常的神祕性。司馬遷沒有多用筆墨在他的身上，而孔子卻被太史公躋於〈世家〉作傳，而沒有給墨子一篇單獨的傳記，僅僅讓他附在〈荀卿列傳〉的後面，寫下的只是：

> 蓋墨翟宋之大夫，善守禦，為節用，或曰並孔子時，或曰在其後。

這麼簡短的二十四個字，就像萬里長河中，不起眼的一粒沙子。這是否因為漢初崇尚黃老思想，漢武帝又獨尊儒術，墨子這種「背周道崇夏政」類似苦行僧的作為，不受當時文化價值的重視？還是史識者主觀的偏頗呢？能留幾個字在青史冊上，已算是聊勝於無了。

後世學人，對這位思想家墨子的身世研究，也都衆說紛紜，模糊難考。於是，大家就像猜謎似的胡猜。墨子的國籍，也有說是魯國，也有說是宋國。前說根據墨子曾學儒者之學，並受孔子之術，所以墨子是魯人。他早年在儒學流行的魯國風氣之下求學，故受孔子影響。但他後來認為儒教的禮樂繁雜無意義，是流於形式的偽君子，所以改變了觀念。至於後者說墨子是宋人，這是因為墨子曾是宋國的大夫，就有點牽强附會了。當時的國籍問題，就像現在的省籍一樣，我們認為不必分得那麼嚴重，因為都是炎黃華冑之民。但是有學人認為墨子之學術，與宋人有關，是低智的糊塗思想。因宋人以愚笨著名，一談到愚蠢，常以宋國人為代表（就像國際上的現代人取笑波蘭人愚笨一樣）。孟子就說過：「宋人有閔其苗之不長，而揠之者。」揠苗助長，確實是笨了。韓非子也謂宋人守株待兔之蠢。有人說墨子是宋國大夫，是以有宋人之風。並舉莊子所謂的：「其智可及也，其愚不可及也。」

言下都有優越感之處，這些言論，實為諷言戲語。這是考證墨子的國籍嗎？我們覺得不可信。寧可用「未詳」或「待考」比較誠實。

還有學人說，墨子不姓墨，墨是他的學術之稱。因為追隨奉行他思想的人，都是下層社會的苦力平民。這些布衣小百姓，也就是貴族所稱的黔黎或黔首。「黔」是黑顏色，黔黎、黔首，都是指平民百姓，他們頭上不可以戴帽子，小百姓只能纏著黑色布巾。墨子的追隨者，大都是平民階層的人，是故，有些人稱其思想，是一片墨色之學。這又是階級觀念作祟，莫名的「雜談」了。

古代人的衣飾，都有禮制規定，因為帽子，也名「冠」，在當時是官爵的標示。不同的帽子代表各種不同的職位，加冠，就是進級升官了。做了官就有車座馬騎，「蓋」是座車的頂，是車上的錦繡裝飾。所以「冠蓋」一辭，也就成了富貴的代稱。

黔黎、黔首、黎民，都是指一般民眾。皆指不能戴帽子，只能在頭上纏一條黑色布巾的人。到了唐朝，黔黎仍指老百姓，不過唐文宗很同情百姓，有詩曰：「願蒙四海福黔黎」之句。因此，有人就意謂著墨家的組成份子，都是下層社會的人民，他們的學說，被稱為墨學，他們的實踐者就是墨家，他們的學術是愚蠢的，是黑暗的。

還有可怪的是，有人很睥視墨家，認為墨翟大概是受過墨刑的罪人。更有一荒唐之揣測，他們說墨翟的皮膚黝黑，是印度和庶民的混血兒。這些學者的胡言亂語，莫衷一是，這種考證，已毫無價值和意義了。

我們客觀的說，墨家，就是以墨翟的姓，為其學術思想之稱，就像春秋戰國時的諸子，他們的學術思想，有的以姓氏稱，有的以職別稱，有的以官銜稱，也有以思想之宗旨稱家的。

研究墨子的身世，實在不應該是胡思亂想的呀！

墨翟在那裏？我們只能從《墨子》書中去挖掘了。

《墨子》書中的情與思

墨子許多行事資料，沒有客觀的記載。幸而我們在《墨子》書裏，從蛛絲馬跡的許多故事中，知道一點點輪廓。大致說來，墨子誕生在孔子死後不久，而死在孟子誕生前的十多年。這樣算算時間，他是活在公元前四九七年到公元前三八一年之間的人物。

墨子並不是貴族，反而是個無產階級的平民。雖然也做過公職，因為《史記》裏說他是宋國的大夫。所以我們可以知道，他是一位平民，學優而入仕的大夫。《墨子》書裏也說：「吾見百國春秋」，可知他讀過很多歷史。墨子做卿大夫之前，可能還從事過工商業等等其他方面的事。因為他有工藝的天賦，人也非常聰明。在工藝技巧上，有很多特殊的發明。他製造了許許多多功用極佳的器物，為人所樂用。後期墨家撰寫的《墨經》裏，還描述墨子對力學、光學、時間空間的認識。墨子和他的學生對數學也有研究，表現在幾何學一系列突出的概念。看來應該算是早在阿其米德、歐幾里德之前的基礎科學家呢！此外，墨子的經濟學和邏輯也有精湛的見解。在當時，墨子是很博學的。

墨子的工業知識廣泛，但他並不以工藝技術，以及他的發明為終極職業。他只是頭頭是道的述說，他對器物的使用價值、功利意義、製作方法等等的剖解。他對行動效益的願望，充滿在他的感情思想，以及做事的風格上。從而，我們可以知道，他是個很重實際的人。相對之下，使當時的儒者，顯得失色。

事實上，他是生長在文化搖籃的魯國，接受過儒家的洗禮。但是他卻超越一切傳統書本的領域，有他自己一套創見，並且有系統的表達出來。

墨子的思想，是從他的時代中，現實困境的生活裏，艱熬體味出來的，是感覺感受出來的。如果感覺感受，不能使生活合理，成為合於邏輯的外貌，這時，意欲則使理性死亡。所以，他要建造一個真理的殿堂。他認為人的生活真理，是你所見、所聽、所嚐、所觸、所受的。這真理是由感覺而來，必須要用井然有序的方式來調和它。

墨子因為經歷國際間的戰爭，看到政治的混亂，社會秩序的變化，道德律的解體，人類幾乎像回到狩獵為生的日子。文明已不存在，現狀充滿著屠殺、分割、貪婪、仇恨、粗暴，一切事件都趨向荒蕪。人命如草芒，人生只不過是罪惡和不幸的受難。墨子感情的複雜，是可以想見的。他對現實的不滿，對現行的一切反感忿恨，他開始咆哮了。激動的情緒，如澎湃的海浪，拍打著他的心臟，怦怦的暴跳著。

墨子是被一種末日的意識所激怒。他內心有一種宗教的情懷鼓動他，他的一腔心曲，不能不激昂高歌，他絲毫不忌憚，他對世紀的文化大師挑戰，對之唱出：

疲憊的文明，和病衰的人一樣，一定要設法改頭換面，脫胎換骨。

他覺得儒家的教養及宣導，是弱性的，消極的，無力的。也就是說，儒家的一切設施，是不能立竿見影的。他熱情如火，要積極行動。他具體的計劃人類的利害走向，完全站在平民社會的觀點出發。墨子不但提出他的兼愛、非攻、非命、尚賢等等十大主張，並以其理論的根據，圍繞功利思想進行吶喊，使之成為一貫的系統。

因此，墨子對舊有體制的缺失，明目張膽的提出來，强而有力的大大撻伐。他認為有太多的事，不合理而自相矛盾。他有實事求是的性向，及邏輯的當然結論，能把他的思想法則，適用於一切世務。

他在魯國時，常和儒者論辯，在當時頗有名氣，曾被魯國國君召見，但他的觀點和學說在魯國，並不受歡迎。魯國國君也不曾有一絲半縷的影響，這是他離開魯國的主要原因。

墨子可以說是一位很澈底的實行家，很現實的功利主義者，他不是空談理想，而是直截了當的以事物的有用無用，做為善惡的標準。因為他的口號響亮，就像個售貨員，推銷商品一樣，勸告人要做一種長期的投資，那投資會有高利，會有分紅，毫無損害和風險。所以當時，墨子的救世宣傳，被絕大多數的貧困民衆，和一些文盲所接受。聲勢極為顯赫，蔚為壯觀。

墨子以一介平民，憑著滿腔熱血，奔走呼號，出國宣揚一個大公無私利的人生時，必然要破舊立新，要建立新的道德律，新的組織秩序，之後必然會出現一個美麗的新世界。所以他到過宋國、衛國、齊國……，一直到他晚年，他去了楚國。他描述的嶄新生活方式，最後是盛行在楚國。

到孟子的那個時代時，墨子雖然已逝世，但墨子的思想學說，在戰國時期，已盈滿天下，成為極熱門的顯學，引起國際間極大震撼，甚至有些諸侯國，設置機構研究墨家的學術。

我們此刻是很超然的在討論墨子的思想。同時是放在紙上，比較冷靜來對待。我們可以看出：墨子的思想雖然不夠深刻，卻能像一條溪流，清澈見底。因為他只是從事物上的矛盾，不邏輯的現象，情緒的本能反應。他很自信，要去校正許多不對的現行做法。他積極的運動，那股夢幻的感情，使他心靈的熱火燃燒著。但他錯估了貴族既得利益的心性，也忽略了人有為己的心願。

下面讓我們舉一些墨子所見到的現象，和他的種種疑慮。當時，他有一大串問號，內心憤憤不平。他問：

一般殺人者死，為什麼去打仗殺人，就被獎賞歌頌？他又問：

偷竊雞鴨珠玉的人是賊盜，要坐監受刑罰。為什麼奪人城市，吞滅人國的就是英雄功臣，受勳得祿？

他說這是同樣的行為，換了一個名目，就成為相反的是非了嗎？他極不以為然。這是他對善惡是非雙重標準的質疑和憤怒。接著他又問：

貴族可以三妻四妾，為什麼苦力娶一個女人的能力都沒有？為什麼個人婚娶之事，一定要遵禮儀的婚姻制度？大量花費財物？

當時，周禮婚儀有六個制式的程序。所謂納采、問名、納幣、結吉、請期、迎親，之後還要大宴賓客。這六個過程也叫六禮，有時每一種禮儀，還有細微末節的活動。墨子很反對這種繁文縟節。這是他同情貧窮，對禮俗，律法而發的不平之鳴。因為那時，不經過六禮的婚姻，是不被社會承認，會為人所不齒的。

墨子又舉出政治世襲的缺點來。他說：

一個國君生了個白痴的低能人，也讓他有世襲統治權，做該國的政治領導，經濟的獨佔嗎？

為什麼勞苦大衆，吃不飽穿不暖，而權貴卻整日笙歌宴飲？

為什麼有權勢的人死了，要在棺材裏放很多珠玉金銀之外，還要許多活人去陪葬？賤民的生命，就不是生命了嗎？

以上的一些問號，是墨子對勞逸不均，沒有人道的憤怒和抗議。

他為什麼？為什麼？一直問下去。許多政治上的缺點，社會上的病態，他都把陰暗的人生面揭發出來，提出了反對的言論和正義的理念。

墨子一方面發出同情心正義感的問號，同時也思考著，尋求答案，來解除不合理的苦難方法。他概括的認為這些都是人生的愚昧，都是由於人的短視。只看到一個人的私利，一個階層的私利，或一個國家的私利。看不到大我萬民的福利，天下的公利。因此，他認為惟有獲得公共利益，社會人群才能有幸福，才能脫離苦難。所以一切設施舉措，都該以公利為取捨的標準，只有公利才是至高而最善的。

只有公利才是至高而最善，這是他思考人生的意義和目的，所得到的結論。也就是說：他從當代現象的「果」，追蹤到播種的「因」。這「因」是私利，這「果」是苦難。若要掃除苦難，就要建立新的因果，這新的「因」是公利，這新的「果」是和平幸福。是故，墨子就朝著破舊立新的方向，努力奮鬥去製造公共的利益了。

此刻，我們已知墨子是由經驗歸納而來的憤怒情緒。這個清而見底的社會問題，在未來的時代，是有變動的可能性的，但是墨子的性格和情思，也是一種慷慨的悲歌，他的表現，實為一種倉卒的就義。我們看看以下他的思想系列。

墨子的思想系列

墨子的思想，是一種極端的功利主義。他對社會、國家、道德、信仰，皆有具體的計劃。功利主義的長處，他發揮不少，但功利主義的缺點，他也褪露無遺。他認為國家和人民百姓之利，是墨家選定一切價值的目的。事物必有所用，言論必能可行，才是有價值。他還覺得國家人民之利，就是使人民富庶。凡能使人民百姓富庶的事物，皆為有用，否則都屬無益或有害。

墨子的濟世思想，是建立在他認為的經濟價值觀上的，他還表示：吾人所應取者，乃大利而非目前之小利。所應避者，乃大害而非小害。

墨子怎樣達成這個大利的理想國呢？他的方法，最基本的觀點和安排，也就是他思想的中心——「兼愛」的學說。

由「兼愛」推衍出「非攻」，也就是永遠停息戰亂，和平共生。墨子說，世間的一切禍亂，起於人與人為了私利的衝突。究其根源，則在於人類不相愛。所以他強調「兼愛」，要人人無私，一律不分上下親疏遠近的相親相愛，完完全全不分厚薄軒輊的相親相愛。

他認為「兼相愛」的報償就是「交相利」。這共同有利的果實，是由無私的兼愛而得來。為了達成共同的利益，他極力反對爭奪、爭鬥、爭霸。所以，他又是反戰的和平運動者。他生動的活力，風塵僕僕於國際間，從事各類爭戰的和平談判。為「非攻」而做了很多和平使者的苦力。他的許多信徒，和學生大家跟隨他，摩頂放踵，結為一個赴湯蹈火的大旋風。一種死不畏懼的信念，在國際間充當一種義工的警察，一時蔚為極光亮的救世軍。

另外，他想到相愛必然是平等的，所以他又主張「尚同」，要注重人人一樣。因此，就一定要破除貧富，取消貴賤的階級制度。墨子這種一律平等的想法，是要澈底實行時，才可以公有共享。

墨子主張尚同，不是件容易的事，他必須要以極權的政治來管轄，才能做到。於是他又設置「尚賢」的觀念。做一個領導者，是需要一個最最賢能的人來擔任，來充當天子。天子再將遼闊的土地分為萬國，各國也由最賢者去帶領，使天下的賢者治理天下事務。墨子還給這種賢者一個標準的形象，這個形象是：「裘褐為衣，跂蹻為服」，賢者必須是布衣草鞋，勤儉素樸。此外，還要有技能，有魄力，有體力，能日夜不休，以自苦為極。有了這些品質的條件，才是賢者，能被舉為領袖。也就是墨家最恭敬的「鉅子」。

鉅，是偉大的意思。子，是尊稱，也就是先生的意思。鉅子，就是偉大的先生。偉大的先生能帶領天下人，實行勤儉生活，愛人如己，並視別人的父母兄弟，如同自己的父母兄弟一樣看待，得到利益則公有共享，形成一個兼愛的大家庭。由偉大的先生勤勞示範，克己兼愛大衆。

墨子的美麗新世界，理想大廈所架構的藍圖，其主要建築材料就是這些：

兼愛、非攻、非命、尚同、尚賢、節用……。

墨子除了政治的思考外，還講述了「天志」、「明鬼」，這些類似宗教的神秘主義，來表示神天鬼怪，有不可思議的意志力量，能夠賞善罰惡，誨人堅定此信仰，以為管治之手段。他自己是很博學的，在民智未開的時候，他說：染於蒼則蒼，染於黃則黃，故染不可不慎。他之舉出上古三代帝王的作為，順天意得賞，反天意受罰為證，說服力極強。

墨家用天神能制裁一切為信仰，以教人相愛。這是他用人類不可知的神、鬼，來輔助政治管理的方法。這樣的論證，是很淺陋的。但這對不識之無的群眾而言，也是賞善罰惡的一種工具。正像大人告誡孩童的行為一樣，聽話嘉獎，否則懲罰。

總之，墨子思想不但立論的邏輯嚴謹，言詞動聽，與他志同道合的墨家組織，也非常嚴格，墨家是要絕對的服從團體的紀律。在墨家思想的實踐中，不沾染任何人性的軟弱與感情。他能把信徒履行的工作，運轉為加了油的機器一樣，由看不見的手，讓人永遠在追求，預想的自我利益所管轄著，不休止的向前奔進。墨子的革命，是以經濟勝利先於政治的姿態。他也把兼愛的因素，隱伏在功利事件中。但這些英勇的行徑，或瞋痴的行為，對興亡有無決定力呢？

墨子的思想體系，我們暫時簡說到此。

反儒的八把利劍

我們已知早年的墨子，是受過儒家的教育，可是後來他卻極端反對儒家。他在〈非儒〉、〈公孟〉兩篇文字裏，痛下針砭，詞鋒極犀利的詰難儒家，一點不留情面。

我突然覺得，墨子對儒家的情形，就像一匹吮盡了奶水，然後將奶媽一腳踢開的小驢子。下面讓我們討論這匹精力充沛，情緒亢奮的小驢子，他的放言讜論，也就是儒、墨之間不能苟同的地方。

墨子揮出了主要的八把利劍，對準孔子的盾牌，嘶吼劈刺。我們先超然的欣賞他的劍術吧。

墨子抽出的第一把利劍，刺向儒者的是：兼愛能興天下之利，等差的仁愛含有私心。

儒家有「泛愛衆，而親民」「親親而仁民，仁民而愛物」，儒家的愛是有親疏先後，等差的愛。看來不及墨家無分別的愛，範圍廣大，氣識宏偉。所以墨子罵儒者的愛，只是依從自心而來，為了如自己之意，以己去度人，以自己去揣測人，先愛自己以後才愛人，這樣推己於人時，就可知儒家是重視「己身」、「己家」、「己國」。有己，所以有他，有了人、我之不同，就出現了差別待遇。墨子認為這種差別待遇，就是社會中罪惡的根源。一旦遇到利害衝突時，就損人利己了。墨子說這是矛盾而不澈底的愛是虛假而偽善的。

所以他有句很重要的話：「兼以易別」。這就是要一視同仁，不可分別。他把「兼」、「別」分成代表兩種人的作風而大作文章。意思是：兼愛者皆有利於公衆，也包括其自己。差別的愛，不但自私，而有害天下。

很有趣的是，他還替當時的君王起了個綽號叫「別君」，替儒者也起個綽號叫「別士」。稱儒家時，不以為然的說他們，全是一批「私心別士」。對墨家則自稱是「兼士」。墨子區分「別」和「兼」之不同，在於私有權和共有制的不同。他要把私有物破除，改為公有共享的制度。以兼為正道，別為歪路。堅決認為天下之大患，在於人之不相愛。這是墨子創「兼愛」社會，息爭平鬥，利己利他的核心想法。

墨子向孔子揮出的第二把劍是：「非攻」。

他認為天下之大利，在於人之兼愛，天下之大害，在於人私心之互爭，所以他又堅決反對戰爭。而儒家是把戰爭分為義與不義，贊成義戰，這義戰是是非正義的衝突，黑白真理的戰鬥。儒家只反對侵略不義之戰。但是墨子則反對一切的戰爭，不論是何種原由，都可以交談對話解決。他主張澈底和平共處，反對不人道的殺戮戰爭。

他有十多篇專門談守禦的兵法，他的學生也都懂些軍事。那時候的墨家，只要知道有國家被侵略，就自動去做和平大使，勸阻停戰，若不成功，就發動墨家鋼鐵一般的隊伍，合力去協助弱者防衛。很有綏靖和警察維持治安的作風。

墨子認為儒家的義戰，只不過是為己利，仍然是好戰之徒，沒有公義。墨子公義利人的思想，是要打破人與人之間的區別，不要有人我之分，這就消滅了由於自私自利，所引出的爭端，同時又可以大公無私的興天下之利。他罵儒家打仗，表面像是正義，骨子裏是私心，不是君子愛人之道。

墨子又揮出第三把劍，是批判儒家的尊賢。

他認為孔子「親親有術，尊賢有等」完全是私心自用，只黨父兄。而他自己主張的「尚賢」才是惟賢是用。墨家的賢者，必須勤奮刻苦，是凡工、農、軍士，只要盡力盡心為公，就是賢者。賢者中之最，則能成為鉅子，鉅子能享以一切特殊待遇，所謂「富之、貴之、敬之、譽之」。如此禮待，賢良人自然就會多了。賢人一多，國家也必然治理得好。

墨子當時所意謂的賢者，是善工技，善射御之人。其次才輪到善辯和博學之士。而儒家標榜的賢人，是屬於道德文士。兩家對賢者的定義和概念顯然不同。

第四，墨子拔出鞘的劍是：提倡「節用」，他忿怒儒家的浪費。

墨子認為任何事物，首先都要能使國家百姓有利，方有價值和意義。否則，皆為無益或有害。所以他主張節用：「去其無用之費，足以倍之……」「凡足以奉給民用，則止，諸加費不加於民利者，聖王弗為。」這些話，也可見其功利作風。

墨子絕對的吃苦耐勞，粗衣惡食。甚至主張以理智反天然，他要統治人的欲望，統治人的情感。儒家則不反對夠水準的生活，情感發散也有通路。

而墨子「節用」所涉及的事項很多，常以原始人的生活為例而為法。表示古者能之，吾等亦能為之，勉勵追隨他的信徒們，勞身苦志，以振世之急。若不能吃苦勤儉，不足以謂之為墨者。這是他最迷蒙人性，或說是最神馳超凡的第四把鈍劍了。

接著第五次逼過來的劍是「節葬」。

儒家主孝，主厚葬久喪。這一點，墨子對儒家有極苛刻的謾罵。他認為一個喪家在喪期，有過份的繁飾儀禮了。他說人死如燭滅。喪期守喪的人，不是真傷心，只是做給人看。而一大堆人在喪家幫忙，只是貪食偷懶，像鼷鼠、羝羊、閹豬一樣，不事生產。他有句話說：

行若道（孝道），王公大人，必不能蚤朝。農人必不能蚤出夜入，耕稼樹藝。百工必不能修舟車，為器皿矣……

他所見儒家主張的厚葬久喪之禮制，繁雜瑣碎，不近情理的鋪張。對求富求公利是一大妨礙，故必須節葬短喪，不可浪費人力、物力、財力。

同一理由，他又抽出第六把劍，主張「非樂」。

墨子反對娛樂，要禁止所有的文藝活動。聽聽音樂，跳跳舞，玩玩樂器，抒散一下，在墨子心目中，認為是浪費時間。他說大家只知玩，就不工作了。而且這類游藝也無用，墨子對藝術皆擯斥生活之外。孔子則提倡音樂藝術，只反對低俗娛樂。

墨子的第七把劍，抽出劍鞘，對準儒家劈刺的是：「非命」。（不相信命運）

他說：「我罷不肖，從事不疾。」認為人應該自己努力，不可說：「我命固且貧」。孔子所謂「生死有命，富貴在天」，在墨子認為這是傳播宿命論。他認為一個人的失敗，是自己不努力。如果相信命運，政治人物就不熱心政務，農人不賣力耕種，大家就會等命運給生活，誰來工作？人人就都會滅絕了，所以相信命運，就是等死。墨子這個「非命」的說法，是只認識樹木不認識森林了。

但是，墨子又主張「天志」、「明鬼」。不相信命運，卻極力宣揚天有意志，鬼有威權。他說上天授權給鉅子，鉅子是天的兒子，要他去主宰國家萬民勤惰之賞罰，人所表現之勤惰，是自己招來的福禍，並非命運之安排。墨家有各種對人的獎懲制裁，墨者只能順服鉅子，也就是相信天的意志是由鉅子來執行的。因此，「天子之所是，必皆是之，天子之所非，必皆非之。」就能有福報降臨。

他的第八把劍，對儒家挑釁的是：信仰天神。

墨子是不是真相信神鬼，我很懷疑，可能他是以之為制裁人們的一種手段。他認為人性像似素絲，染於黃則黃，染於蒼則蒼。他也覺得普通人民，所知甚淺，故以神天不可知的大能，在商代的種種神怪傳言，去表示天上有神之存在，天神要賞賢懲惡。

他在「天志」這篇演講裏，頭頭是道的揭示天神有無上的威權，能制裁一切人們的罪孽。神能給予義人以善，也能予惡人以禍。他又說：

有義則生，無義則死。有義則富，無義則貧。有義則治，無義則亂。

墨子的「義」，界定成一種「公利」。他以神天的意志，做為人應遵行「公利」的人生。

墨子又將特定的「公利」目標，為這些信徒帶來期望的決定因素，成為

「兼愛」發展過程中，最大的順服力量。信徒有熱望，有嚮往，對鉅子是絕對的服從。

由於民智普遍未開，一般人對自然災害的無知，對人為壓搾的無能為力，對戰亂難以避免。因此，都從天志的這番講解中，得到希望與安慰。在濃雲密佈的現實存亡下，很多很多人伏首稱頌墨子的「天志」演說，從而虔敬的信仰著一個無形跡的天神。

從現代知識我們瞭解，人在困境中，心理的複雜感情，和需要幫助解脫，你只要信仰任何一位「神」，真誠的禱告，一時間，人的心靈都能找到平衡。其實這是一種思維的發散，宣洩了心態上意識裏無奈的現狀，使心緒走出困境，情況也自然一變。這就是分擔的痛苦，已是減去一半的痛苦了。

墨子當年，是有形成宗教的基本條件，可以做出世的活動，可以成為宗教的教主。可是他當年只想在政治和社會上，做革命性行動的領袖，他是入世的。他的抱負只想到將亂世治理為公利的兼愛社會。沒有用智力去創造一種宗教的動機，去影響人們迷信的行為。舉例來說：

他對人們給以未來美好的盼望，予眼前，有安慰。

他躬行實踐其兼愛天下的活動，愛人如己，無私無我助人於急難，並樂於捨身的奉獻。

他能將信徒，組織成一個有信仰有制度的團體。信徒們誠心虔意服從墨家嚴謹的道德律。

譬如：墨者如果出仕做官，其收入必須分出一部分，供墨者之團體使用。這讓我想到新教基督徒的「十一奉獻」，基督徒一定要將收入的十分之一捐給教堂，以便用之教會的發展。看來墨子這個制度，要比耶穌教會的想法，早了數百年呢！

雖然當時大多數的人們，對墨子所謂的神天，已有相當的信仰和畏懼。但墨子並沒有特意去造成一種宗教式的神，也沒有使自己，成為神的化身。主要原因有三：

一，他沒有被學生們傳說，他有各種的神蹟，和神話故事。

二，他沒有有學問的文士，替他有系統的記錄種種教義、儀式、禁忌，寫成為神啓的經典福音和誡律。他的演講，只是他的思想，好像對平民有利。

三，他也沒有真善美精神境界的經驗做見證，來傳揚愛的真諦。墨子他只要求人人不分彼此的兼愛，必然共享公利。他只是要在政治上，一顯經世治用的抱負，自信能去改革社會的文化，和政治的狀況而已。但他又極其熱情，一如宗教精神的狂熱，僅僅是傳佈他功利主義的理念，並躬行實踐其堅苦勤勞的道德律，以此為終極目標的價值觀，造福現世萬民。他努力拚搏，甚至到了忘我的痴迷程度。認為這樣就是一種拯救苦難的人民，走上大同之路，這是他無上的作為和信念。

墨子其義行，如果出之於宗教方式，想必能使他的精神領袖地位更持久。但墨子是入世的，他說的「神」實際是在世間，那「神」只是最高權力的代稱而已。他只把美麗的「天國」放在現世，他沒有給人死後的交代，想必是有儒學的生死觀吧。

儒家雖然不是澈底的無神論者，但不願談鬼神。這比較誠實。墨子用「天志」做政治上的「工具神」，這只是牧民的手段而已。

以上我們舉出儒墨不同的一些觀點，暫時不去評論。讓我們從《墨子》書中，看幾則小故事，換換口味，否則讀者要扔開這篇文字了。

墨子生動的行事

《墨子》書中，除了記錄墨子的演說，他學生的文章和幾個墨子的特殊故事外，其餘則為再傳三傳的墨家，與當時諸家學人的論辯，以及墨家許多科學上的見解和知識。這些古老的物理和數學，現在已不新奇。即使口若懸河，善辯的後期墨者，所討論的內容，可能也不確定了。雖然墨家對時空的觀念，統一在物體的運動中，至今仍有著精湛的見解。我們不妨只拈出墨子的故事看看，以後有機會，再讓孔子的傳人，孟軻、荀卿……等人，去和墨子的弟子禽滑釐、高石……等人去對話吧，我們此時少陪了。

其實，墨子是很有政治欲望的。有一次他到楚國，把自己的政治理想告訴楚王，楚王很喜歡，大加讚賞。但是沒有採用他的主張，只說願意供養他這個賢人。

有人告訴墨子，說楚王因為你是賤民，不能行施你的政策。意思是沒有受過正規的貴族教育，不是王官之學的六藝知識。就像現在你沒有學校文憑，學識再好，不被重視，找工作也難。楚惠王願意「養士」，已有相當的賞識力了。墨子聽了很生氣，大罵楚王無能，既然知道革新政治是好的，為何不做？他用邏輯的辯證，做了一個比喻，他說：

治病的藥材，是不值錢的樹皮草根，君王病了，吃它能除病。豈因它是草根樹皮很低賤，就不吃了嗎？他又說：賤人種了糧食獻給君王，賤人釀酒祭祀上蒼，豈能因賤民所釀的酒，所種的糧食，就不飲不食嗎？

那時侯他的年紀已很大了，但火氣還很盛，一氣就離開了楚國。楚王知道他是個人才，就派人去追他回來，並且願意封他五百里土地。五百里土地，可以稱得上是一個小小的君主了。所謂君主，即擁有土地上一切所有權。在這五百里內的居民，由之管理，也就有了政治權和經濟權（好像現在的大地主），但是墨子堅定的拒絕了。

又一次，他的朋友公輸般，在楚國替楚王造了打仗用的雲梯，和一種戰具的鉤，這些都是當時最新攻伐城池用的武器。墨子有了情報，知道楚王造這些新的軍事器具，是要去侵略宋國。他馬上從魯國日夜趕路到楚國，一到楚國，他首先去探望他的好友公輸般，見了這位大軍械師，墨子第一句話，就是要公輸般替自己去殺一個人，公輸般當然不肯。墨子說酬你十兩黃金，公輸般還是不答應。墨子又加倍給錢，要他去殺人，兩人糾纏很久，墨子出價到百兩黃金時，公輸般說：「我是懂義的人，我不會去做職業殺手。」這句話可被墨子抓到了小辮子。墨子馬上說，你講義不殺一個人，卻發明雲梯，幫助楚王攻打宋國，去殺更多的人，這是否義呢？公輸般這時只有目瞪口呆了。

墨子又去見楚王，和楚王論辯，並斷言楚國打不下宋國。最後，楚王表示有新兵器，墨子則說你的兵器不中用，我已有很好的防備透露給宋國了。楚王不信，墨子說，我可以和你的大軍械師現場表演，他攻我守，讓你看，如果十次攻不進來，你是否還要打宋國呢？楚王認真的說，好吧，一言為定，墨子若贏，則取消攻打宋國。

於是，墨子解下衣帶，圍成四方形，當做城牆來防守。公輸般發動九次的攻勢，都被墨子擋住。公輸般已是技窮，墨子仍很從容。楚王無可奈何，承諾的話只好兌現，不攻打宋國了。墨子除了這一次解決楚國的攻伐外，事蹟可考的還有很多件國際糾紛。諸如和平談判打消齊國攻魯的念頭，又說服楚國攻鄭國的野心……等等。

墨子的和平運動，是一大群工農階層，勞力民眾的集合，他們為和平而奮鬥，為大我而犧牲。可見當時的君王以次，都對墨子這派人物，有幾分敬懼的心理。因為他們的確以智辯去說服侵略者，阻止許多戰爭。都是這位熱情高潔的和平大使，墨子之功。

墨者又是個有嚴密組織的團體，墨家服從鉅子一切命令的指揮，鉅子對墨者犯了法紀的，是有生殺之權。這就是神化了鉅子，移情於信仰神天的制裁。在「天志」這篇文字裏，頭頭是理，淺人的確可以信以為真。因此，我們看墨家的一些行為活動，很多事件與仗義的「俠士」略同。

《史記》裏〈游俠列傳〉記著：

其言必信，其行必果，己諾必誠。不愛其軀，赴士之阨困。

俠士之風的威力，往往神出鬼沒。古時代，是否墨者影響俠士？還是俠士影響墨者？但看喜愛考證之士，去稽古鑽研吧！我們只敬佩赴火蹈刃，死不旋踵，一群烈性剛强的人，為民取利，奔走和平的義士之活動。

雖然書本如此記載，可是我們今天看起來，覺得墨子這種和平談判的方式，是很幼稚，也很有趣。再過百千年，說不定後人也一樣會可笑我們，今日的戰爭與和平的談判方式呢！

也來「非」其「是」

現在讓我們恭恭敬敬，向墨子這位和平使者，教導人類兼愛的先賢，致最深的敬禮。然後在他的許多思想中，我們仍會找到很多可攻擊的地方。因為他的熱情，要比他的邏輯更有力量。所以我們欣賞和認同的，不全是他思辯上的知見，而是他那份宗教精神的愛，以及近乎神性的慷慨悲歌，凸顯著他生命色彩的斑斕。

古今中外的聖賢，無不教人相愛，墨子的愛並不稀奇，但他的特點在於一個「兼」字。這個「兼」就是：包括一切所有的人，你、我、他毫不分別，沒有厚薄、軒輊，沒有上下、大小，沒有男女、長幼，沒有了血親、宗法等等區分。這豈不是在取消心理基礎，混沌人類之倫常了嗎？墨子只見整體的平均，沒有瞭解個體的不同。這能算是顧到全方位的認識嗎？他不理解人性中還有識別的特質。更不用說現代基因學的DNA圖譜了。

孟子曾公開的罵墨子是無父無君的禽獸。這是有些過份的貶損，禽獸也有父母的呀！我們只能說，墨子忽略了對人性的認識，和人情的需要，被孟子打了一悶棍。如果站在人性論的角度，來看墨子推行的兼愛，則不太可能澈底做得到。沒有分別，一視同仁的愛，是神學和佛學的終極理想境界。世間有史以來，大概只有印度的釋迦牟尼，和中東拿撒勒的耶穌做到了。孔子有親疏遠近，當然有先後，還只能慢慢來擴充愛，而墨子有時會有盛氣，我想他也未必與之氣味不同者兼相愛吧？否則為什麼要非儒，而不愛他們呢？

墨子在理論上把兼愛歸屬於天志，論定天上有個神是公義而嚴格的。神能夠做最終的審判：善類得賞，惡類受懲。這個神不也就像家庭中權威的父母，對子女是無條件的保愛，包容一切。同時，也有訓斥處分，鼓勵與獎賞嗎？我們覺得，任何時代，總有先知先覺的人，是能影響當時人類的思想和觀念的。墨子「天志」的思想，能使成年人信仰不疑，也正像幼童怕犯錯受懲罰，而順從能得獎勵，是同一道理的恐懼心態。但是，有個先決條件，那就是非理性而絕對感性的信仰他，不帶一絲常識的成份。這是無識的群眾，苦難生活的一條通路，因為祂能使信徒有規矩行為之後的盼望。這個動機，是無可厚非的。

話雖如此說了，事實上，人與人在本性上，是有相通互愛的共同基礎，但也有天然的差異關係。如果強迫人類各別的意識必須一致，那也就取消了一切倫理關係和文化活動。這樣的社會，除了看不見人類的心思外，就成了赤裸裸的透明物體，像一模一樣的木偶了。這是沒有個性，沒有自由意志，沒有隱私，沒有人權，而違反人性的做法，墨子有沒有想一想，時日一久，可能嗎？我們懷疑。墨子的錯誤，是把人視為可以劃一運作的機器了。除非在極權的高壓下，要人人都平凡而單純一致的聽指揮，並吃苦的忍受勞累，安靜的妥協現狀，像奴隸等待一種未知的自由一樣。可能嗎？我們懷疑。

墨家的「尚同」也有等級，何況墨家對鉅子的優待，未嘗不也是製造一種特權。難怪荀子說：「墨子有見於齊，無見於畸。」一點不錯。墨子其理論的設計，很多地方是有矛盾的。請試看：

墨子雖然要人順應「天志」，然而，依「尚同」之等級，則惟天子可上同於神天。天子替神發號施令，這個天子即其設定的賢者——鉅子。人民只可服從天子，也就是鉅子。墨家的政治制裁者，就是要一個等同神天的領袖

——鉅子，這個人間的「神天」——鉅子，則是絕對的是非標準。而這個鉅子又被享有「富之、貴之、敬之、譽之」這個待遇。嚴格說來，豈不與尚同、兼愛理論的公利，相互抵觸嗎？

墨子主張的社會，老實說，除了鉅子，墨者們是在一個平等而不自由，是受制約而計劃行為的社會裏生活。雖然他們的鉅子是被民衆選出來的，但在嚴謹的組織下，使鉅子的權力成為「上之所是，必皆是之。上之所非，必皆非之。」這是要人絕對的信仰，絕對的順服這個鉅子，聽從鉅子一切的發號施令。換言之，鉅子就是墨家的大法。最後這個鉅子，就是絕對的權威，絕對的獨裁了。

人民在這個類似宗教的神，和政治獨裁者之下生活，不但要服膺領導，還要能夠艱苦至極，才有可能是個賢者，也才有可能被舉為一方水土的鉅子，之後，才再有希望成就一個極高權威的偶像。這是目的嗎？

「尚賢」的範圍，也以勞動者為貴，學識者為末流。倘若一個人以半生苦行做為手段，有了威權之後，半生卻又亂來一通，也是很有可能而難免的事。因為到了「口含天憲」時，「上之所是，必皆是之。上之所非，必皆非之。」的呀！這也正是制式上的一個盲點呢！由此可知，這也是人有了權威，必然極度腐化的結果。墨子是否曾想到，這種可能的副作用？弱勢的大眾，不識究竟的人們，又如何能理解這多種可能的變化呢？

墨子每次把兼愛和公利並舉，認為兼愛等於兼利。他說，「兼相愛交相利」「兼而愛之，從而利之。」「兼愛人利人生」「兼而明之，兼而有之，兼而食之」……等等，所以從愛的對象是人，而利的對象則是己，看起來應該是不一樣，墨子卻把兩者視為一樣。這就是墨子只以功利唯物的立場做理論根據，這個體系的片面性，很使人震驚。用現代的說法，墨子的思想是趨向唯物、機械、決定，以及行為論的。

墨子帶著大群無地位的人們，以經濟為極力抗爭的旗幟，在封建制度的貴族政權面前揮動著，吶喊著。他們只知空腹的胃，要食物，而不知無識的大腦，也要吃知識。在人生的盛筵中，「物」只是一道人人口味不同的小菜。人有時也是唯心的，人生的多樣性，還需要品嚐其他呢！

就拿墨子的「天志」思想來看，這個憑空說說的神，神在人們的心靈上，是物呢？還是什麼呢？我們猜：信徒是茫然的。墨子如果再深思，想必也會惘然了。

現在，讓我們舉個心靈飽啖豐盛美食的例子吧，當我們黃昏時散步郊外河畔，面對一片晚霞，在碧水青空上，剛巧一隻野鴨在這時飛過去。眼前自然景色所產生律動的美感，給予的喜悅心情，則不是唯物的價值了。魏晉時代的詩人庾信，看到這種情景，用詩語描繪的兩句名詩：「落霞與孤鶩齊飛，秋水共長天一色。」我們讀了這詩句，想像中的情境，以致能有和詩人美感的經驗類似，形象意象都出現於我們經驗過美感的腦幕上，那一片美麗景色的再現，使人愉快的回味。這也不是唯物的，而是心靈的。如果墨子看到這一景色時，我們相信他的心中，不會有直覺的形象美，而是知覺和概念；他想的是去追野鴨子，在河邊捕魚，殺了與人分享，是純實用的態度。以墨子的勤苦，大概也無暇去河濱郊外散步。墨子可說是一個毫無趣味的人，更不知生活節奏的重要，這是絕不會冤枉他的。就如同人若只見到一滴水，怎麼能夠了解海洋裏的內涵呢？

生活，是要有節奏性的。物質與精神，正是生活必然有的一個「節奏」。沒有精神的糧食，也和沒有營養的物質一樣，會枯竭的。生活的歷程，不能多樣性發展，就只有像蝸居在殼裏了。墨子之聰明處，是用天志的神，安撫了貧苦群眾，能使他們心裏有著盼望和期待。但是「神」與「利」結合，是使今日唯物論成為社會主義的兄弟，資本主義的姻親，結果，擾得天下亂轟轟了。可憐的仍是無權勢，無財貨，勤苦單純的平民大衆。

墨子反對戰爭，創「非攻」理論，是非常高尚的情感，人世間的戰爭與和平，可能也會是人性特質的一種集體節奏性。施耐庵說天下事，分久必合，合久必分。這是「節奏」，說明人性在時空不同時，情思的作風不會永遠一致。托爾斯泰也說過，沒有永遠的戰爭，也沒有永遠的和平。人性是不安份的，消極與積極，本能的衝動，意欲的感情，都可能有不同的「節奏」。墨子的「非攻」思想，要依附在「兼愛」的大前提之下，才能達成的話，這個方案的設想，從人情中看，是比較困難了。

經濟學的原字是Economy，是節用的意思沒錯。墨子倡「節葬」、「非樂」，這些也都是他「節用」言論的一部分演繹。他之反對儒家，是覺得儒家講義，不講利，墨子認為義是空談，利是實有。同時他對儒家浪費物質，認為不是一種義，他很不以為然，他覺得貴族都是「暴奪人衣食之財」，更加氣憤。他自詡為民爭公利的。墨子這種俠士感，其實仍屬於義的一種分支心態呀！看來，墨子對外界的認識，只是訴之通俗的常識，不是深化的考量。他只是看出了社會的病情，卻不知病理，找不到根治病症的醫藥良方，只能頭痛醫頭，腳痛醫腳，一時性的部分麻醉、止痛而已。

十九世紀的一位經濟社會學家，馬克斯（Karl Marx）曾說：「歷史的基本因素是經濟的。」他還在他的《資本論》裏說：「資本家享用的，都是掠奪而來的。」這倒和墨子的說法相同了。

墨子「非樂」的主張，也和馬克斯所說：「音樂是贅瘤」也相似。音樂有什麼用？墨子認為聽音樂是浪費時間，時間要做有用有利的事。所以他說：「以時生財」，「各從事其所能」這類語言，都使我們覺得，墨子極端功利，完全不懂心理學和美學，可能他也不曾有過美感經驗，當然更不知美的性質，和美的奧秘。他實在是一個毫不懂得趣味，而是非常嚴謹得像一塊「板板六十四」的豆腐，是經不起拍動的。

美也和道德一樣，身心的美好是智慧的果實。正如一種精神的要素，是由愛發展而來的。有位哲學家說過：愛是美的母親。如果沒有一種美的心靈需要，僅僅因冰冷的功利為主，那麼兼愛之實踐，只會是激情的浪花，不會是真實的結果，美的道德了。

墨子草擬兼愛、非攻的計劃時，應該是具有道德的含義和政治的憲章。但是我們認為，他只是把它當做政治和經濟的手段，並不是道德系統的宣教。那麼這個思想的目的，只是功利性的工具而已。

上，這個重要性的思考。〈非樂〉，〈非命〉篇，同樣是屬於反心理學的問題，他完全忽略精神音樂能讓靈魂培養愛好和諧、節奏的習性。聽覺視覺，甚至觸覺味覺嗅覺，這些官能之於人有美的感覺，這問題是屬於心理學的。音樂能給人的心靈發散情緒，往往予人安慰。節奏和韻律帶來的意境和變化，比現實世界可愛。墨子看到的都是物質的一面，沒有一件討論過有關心靈的觀照。但他又非常矛盾，又不要人有物質的享用，要人極盡吃苦勤勞。說難聽點，他對人的生活意義，只是一個有生命的機器工具，但又美其名為道德。

墨子的學說，很多地方思考得太狹窄，他只注意到實利。要人生的全部生活，為勤務而活，去等待一個遙遠富庶的支票。這種「自苦為極」的工作，卻成為墨家的道德律。就像是昆蟲界的工蜂、螞蟻，甚或一生造窩的海狸一樣，只去從事生產工作。這類「賢人」行徑，或說不思不想，迂腐行事的大眾，老實說，對家國的興衰，並無重要的決定性。而這種共享公利的社會，到最後，也不太可能刺激人民向上的進取心。因為凡是財貨為多數人所共有時，人，只會付出最少量的關心，換言之，財物共有，將使人失去責任感，公德心。無可諱言，這是人性的弱點。

苛儉的物質生活，長久下去，也不能永遠阻止人的欲望，想去獲得較好的嚮往。萬一這個堅苦節用的工具，不幸被外力一碰撞，損裂一條縫隙時，那麼苛儉的反作用力，使意欲的飢渴，將形成一股洪水猛獸的力量，巨大的衝鋒陷陣，都從這一裂縫中蜂擁而出，結果能殘踏山河大地至面目全非，這是絕對有可能的一種反叛。

墨子主張的社會，是一個平等而不自由的團體。雖然他們的鉅子，是民衆選出的領導，但又因嚴謹的組織，使政治人的權力成為極權。是因「上之所是，必皆是之。上之所非，必皆非之。」的呀！

有人說墨子的思想，是近代的共產主義，又有人說墨子的尚同社會，像古希臘柏拉圖的理想國。我們認為這些評斷也不恰當，至多只是柏拉圖和馬克斯一表三千里的姻親，而不是血親。如果我們說墨子是耶穌「五服」內的兄弟，他們在愛人類的許多作為上，倒是有類同之處。讓我們翻看一點點，耶穌時代的歷史背景來引證。

當時，耶路撒冷早已經位於貿易要道，猶太人從事商務的發展，促使民間的貧富不均。而征服成性的羅馬人，自波斯灣來了以後，在拿撒勒（Nazareth）附近的各城鎮，野蠻的肆意奴役窮人。耶穌自幼就看到種種的不公平，內心敵對這些霸權的威勢力，有種神學的信念湧動，像是天啓。於是，他東遊各處巡察多年，思考一種生活的倫理，三十歲時，圓滿成熟，回到本地，帶領著貧苦的人們，信仰上帝。傳福音教導人謙遜，順服，愛人如己，死後可以進天國。他以傳教的方式，抗爭惡勢力的迫害，最後死於十字架上。三天後，他的學生（門徒）們，傳說他復活了。這個神蹟的傳播，是基督教信仰的基礎和依據，門徒以之證明耶穌是道成肉身的神，為拯救信他的子民而來到人間的。

墨子和耶穌同樣讓不幸的人們，有未來的補償，也有相似之點。《聖經》裏說：讓富人進天堂，有如駱駝走進針眼。這和墨子說：讓貴族放下財貨，是非常的困難。難怪耶穌告訴信仰他的人，要去愛人，才可以進天國。難怪墨翟告訴人，要兼愛人人，才可以得大福大利。前者的話，至今仍有人相信不疑，因為天國是一種死後的界域，普通人，誰也無法否定其實存的有或無的驗證。後者，墨子的話，已為時光磨損，堅石成了草木不生的沙粒，因為共享公利，先要付出極大的代價，人的耐力是有極限的，因此，愛也成了一種交換。信神的教徒，死後能進天國。兼愛世人，能得大利。這是回饋呢，還是謊言？誰能證驗嗎？

平心而論，墨子思想的兼愛和非攻，這高峰上的兩面旗幟，實為人類所想要的「圖騰」，但它又會為人類的私心消蝕風化為碎片。今日世界的是是非非，何去何從，有識之士，大家都會知道；任何形式的「戰爭」，如果內容無利可圖，它就不會再流行了。可是有利可圖，時常也會被估計錯誤，為利益而戰爭不會有贏家的。

至於兼愛，則是一種個別的能力，愛自己的家人，尚且還會有相對的給與受。人與人恩怨的施與惠，由己外延至其他人，可能會要牽涉到個人對義利之需，以及個人的人文教養了。無用諱言，這是人性，極少例外。

我們只有等待哲學界，能出現一個新人文學的啓蒙運動，像似牛頓一樣，去發現地心吸力 Laws of gravity 吧！

墨子這個「兼愛」的達成，陳義是過高了，一般凡夫俗子，說實話是望塵莫及的。如果墨子核心的「兼愛」，不能很穩固的置於大衆人心，其他的建設，就會東倒西歪，稍縱即逝。

因此，我們可以說：

墨子，他並不理解人性，也不懂人情。

贅語

如果我形容儒家，是一棵壯健的花樹，墨家則是這棵樹，枝柯上一串變異的花束。樹是四季常年都在成長著的，而這串變異的花束，新奇壯麗，盛放之後，漸漸的凋落就化為春泥了。它雖然帶來若干成份的滋養給土地，卻已不是原來耀目一時的花朵了。因此想到清朝的龔自珍的詩句：

落紅不是無情物，化作春泥更護花。

這詩句，可以形容墨子全部可敬的悲情。同時我們也可以借用辯證的說法來看他。墨子可以說是從儒家的量變到質變，這一變，就是「一跳」，也就是突變。這種思想上的起伏和心靈上的轉折，過程充滿了驚濤駭浪，甚至對自身也是一種否定後，再起步的殘忍歷鍊，由正而反了。反是反了，這一反，儒家的某些作風，也就應該檢討檢討了。

我想，如果從形而上的認識論來說，墨子所倡之「兼愛」與孔子所謂的「仁」，我個人相信兩者是有類似的性質。雖然墨家講「愛無分畸」，儒家說「愛有等差」，看來不同。但我覺得他們的兩樣，實際上是一種外為與內省之別，是自發與教導之分而已。儒墨的終極期望，同樣是天下為公，大同世界的理想。儒家是相濡以沫的同化後，發自內在而呈現的道德愛（泛愛衆）。墨家是來自訓導，堅信實踐能表現的功利愛（兼相愛）。一個像似菩薩低眉，一個像似金剛怒目，方式不同，最後的目的是類同的。從人性上看，效果就很難劃一了。

無論如何，我們欣賞墨子他那令人動心驚耳，陳義極高的兼愛。使人共鳴的反對戰爭。皦然明白的和平共存。他的道德示範，是終身克勤克儉的勞務，他以身作則而無怨無悔。他對人類的福祉，富有非凡的幻想力，他勇於在這一團爐火中熬煉，鑄成一個個的鋼鐵靈魂。但他的皇皇思想，卻猶之於沙漠上建築的大廈。他的富庶景觀，只是海市蜃樓。因為人性軟弱的脾胃，不能長久的配合他，與他同行，夢幻在神性之國裏做超人。原因是：他控訴不了人性自由的力量。

我對墨子的思想有這樣的認識，我覺得每一種思想的理論，都必須與嚴苛和深刻的批評奮戰，才能繼續存在。能夠踐履下來的，是經過試驗而剔除錯誤的部分，才可能融入知識之中，被時代普遍的接受。否則只能曇花一現，擾攘之後，就會束置高閣，成為可憫的歷史或文獻而已。

公平的說，墨子他個人，實在是一位激情、行動、博學、品優、仁愛，合成一體的剛毅靈魂。我們仍然敬仰他浴身於火海，如鳳凰般的燃燒自己，發散出非凡的熱力去拯救世道。可是，我們還要再說一遍：

他，墨子，為和平兼愛，勤奮一生，在歷史長河中，一如浮漚浮沉。後世對他，仍會有一定程度的恭敬。

他，墨子，本質上，是一位泛愛眾的學者，異化了的儒士。他雖有真理的憧憬，可沒有美的冀求。

他，墨子，幸而沒有成為「天子」，因為從堅苦的無到卓異的有時，會轉折平衡為一種得意的腐化，變到殘酷的發洩。這是人性必然的心理；是相對，很矛盾，極詭譎。

他，墨子，不理解人性，也不懂人情。

他的治世之道，似乎是種心力破產的計量，曇花一現。

第三部分　說　道

與大自然共舞的「鶴」

鶴，是飛禽類的候鳥，又怕冷又怕熱，但牠們懂得如何去調整，所謂「適者生存」，鶴能深知其中三昧。也就是說，牠們懂得選擇氣候適合的地區，去真實的生活。可是牠們的出生老家，卻是在寒冷的北半球，因此，牠們在地球南温帶，有個避寒的「度假」區域。中國境內的鶴，多半出生在東北黑龍江省的附近，而北美洲的鶴，則出生在加拿大的魁北克一帶。

鶴的外貌很鮮明，一身潔白的羽毛，兩隻細長的腿爪，站立時，泰然自若，有種仙風道骨之態，飛翔時又優雅不羈。秋末，冰天雪地的氣温快到時，牠們一定南飛避寒，一直等到春暖花將開的時候，才飛返其老家出生地去。中國的鶴比較「保守」，南渡時，只到雲貴、兩廣一帶停留。加拿大的鶴，則出國旅遊到美國，在南海岸德克薩斯州或佛羅里達州，有沙丘或沼澤的地區，暫時居留到天氣温暖後，才飛回原出生地。

據動物學家說；有一種紅頂鶴是一夫一妻制，信守貞操，不多與族類交往，牠們的生活近似隱居式的。不像其他候鳥類，成群結隊，有社會性的組織。這種鶴通常只是兩隻在一起度日，事實上，牠們是一對夫妻，至多三隻一組，其中一個是牠們的子女，是典型的小家庭制，比人類知道「節育」。如果我們今年看到的三隻鶴，明年這三隻中少了一隻，這表示牠們的子女已獨立自主了。做父母的只教導一次遠行的求生飛行，絕不多囉唆，達觀的聽其子女在自然的時空去自由發展。

我這一章的開場白，說一點點鶴的生態，以便於我們的聯想，可以憬悟到人也可以瀟洒的衝出世塵的圍牆，去親撫海闊天空的大自然的。由於鶴這樣超然無累的生活之道，使牠的壽命高到幾近百歲。所以中國人稱喻其為仙禽，喜歡用「鶴年」象徵長壽的老人，每每會用「鶴壽千年」這句話，為祝壽的賀辭。

鶴，能自適無累的生存空間，也正是我們人類生存的空間，因為萬物，包括我們人類，都是宇宙自然界裏的一份子。而萬物之靈的人類，如何在自然中安家，但看個人自擇的機宜了，說得嚴峻點，這似乎是生與死的迷惘呢！

自然的奧祕

我們還可以用現代知識宏觀的看自然宇宙，在太陽系中的行星，近鄰地球的兩個行星是金星與火星，金星又可以說是地球的孿生兄弟，誕生時間，體積大小都與地球相若，只因化學成份不同，又比地球接近太陽，它的表面溫度高到攝氏五百度，又因缺水與沒有臭氧層，不能過濾殺傷力很強的紫外輻射線，是故不可能有生物生存在金星上。再說地球另一邊的火星，它地表溫度之低，可能到攝氏零下一百多度，地貌成乾冰狀態，雖然在固態的二氧化碳（乾冰）覆蓋下有一些固態的水，只因氣溫太低，無法成為液態。這都是太空探測船帶回的資料。金星和火星都不能適合生物生存，所以就都像死的一樣了。而地球恰好一切條件適度，因此生機盎然，萬物茂盛。這不也是大自然中，星球上物種的一項「適者生存」有趣的例證嗎？

至於自然這個詞兒，在概念中是很含混的。若從人的觀念說，自然有其物質面的；也有其精神面的。但是，自然又有它的神聖性。因為我們把「人為」與之對立時，「自然」之神聖性，就獲得神祕的意味了。

在大自然裏，生命和物質來源的神祕，已是人類恒久探索的事了，老實講，我們到今天，仍不能確確實實的知其底細的始、終，若能認識它，也就能認識我們自己了。所以自然的許多問題，實則也是與我們人生有關的許多問題。我這樣說，應該不是過份的誇張。

通俗的說，凡是不屬於人為的事物，都可以說是自然的。比如宇宙星球，山河大地，都是物質的世界，是自然界客觀存在物，都不是人為創生的。即使第一個人，來自那兒？如何臨盆？一般也都諱莫如深。有如雞生蛋，蛋生雞一樣的耐人尋味。因此，所有生物及無生物的出現，自然又有其神聖面了。

人類與自然在關係上，如果對立，人類的欲念往往就想要征服自然。原本在自然中的一員，就分立在自然界以外，並且還會做出佔有和破壞的力量。人，好像是很有理性的在為自身利益而做一切，自然，又好像是很無情無為的注視著。所以，人就常常弄得灰頭土臉，與自然較量得十分吃力。然而，人類欲望不止，偏偏想盡辦法要去控制自然，濫取濫伐。從此，造成許多紛擾和紊亂，大自然也因此往往會失去了應有的常態。人類永遠企圖表現，意志再強，卻又不能高妙在自然之上，去逾越自然。

有位先人說，「倘若人類順乎自然，自然反會與人合作，並顯示它的奧秘。」這樣的說法，就容納在道家學術的理論裏了。那麼，就讓我們去探訪道家，看看這種充滿了奧秘，又似乎吊詭的自然，道家是如何與之交互關聯，產生奧秘的效應。

我們要去探訪的對象，是先秦道家人物之一的李耳，他寫了一本小書，人皆稱之為《老子》。書中就闡述了沛然而出的生命，和蓬勃綿密的物種，與自然之間種種的蘊結。那麼《老子》書中又是怎樣一本人類生存的理念呢？原來是極其簡單的作風：只是以自然宇宙為師，天下萬物為友。

現在先讓時空把我們拉回已逝去的那個歷史年代，李耳生在當時是如何醞釀出人生自然舞步的思路，撰寫了五千文字，能夠反響至今，仍被很多人欣喜樂聞，乃至勵行。也許我們得呼吸那個時代的空氣，進入那個空間去。好吧，現在我們就起步回顧，但是，你還必須得用我們當代的視野，去思考和審察，來解讀它。從而獲得現代精神的人生觀後，方能於生活中有一種美的喜悅。

時代的氣息

若問道家思想，是怎樣發展出來的。這就要回溯一下歷史的背景，思想的脈絡，時代的氣息。下面，讓我們把時空，移至東周那個年代去。

正當儒、墨兩派學術人物，在思想界競爭長短，造成全面風馳雲擾時，人類的進程，依舊接二連三的流離失所，顛躓困頓，苦難不堪。因為諸侯國和邊境民族，為了開疆拓土，發生混戰的殺戮，戰事非常劇烈。同時期，周室諸侯大國兼併小國，殺殺打打，更加瘋狂，幾無寧日。這段時候已是東周歷史分期的時代了。歷史學家把這段時期，定位為戰國時代。所謂「戰國時代」，是指東周的後半期，相當公元前四八〇至二二一年，這兩百幾十年之間，是軍國主義至上的戰亂時代。

那時候，周天子已不被重視，諸侯國不但欺凌外族，也相互傾壓爭戰殘殺，全不聽命於王朝。列國打仗的方式也與春秋時代（東周前期）已迥然有別，規模大，戰況慘，動輒數十萬人傷亡。春秋時期封立的一百七十餘國，經過了兩百多年的兼併，只剩下二十個國家，可是這二十個國與國仍以殺伐為事，最後只剩下七個諸侯國，結果七雄爭霸，仍然廝殺不已，好戰嗜血，成為鵠的。在這兩百多年裏，成為名副其實的軍國主義，戰國時代。一直到了秦王嬴政以摧枯拉朽之力量，併吞了六國而勝利，才結束戰國時代，而成為上古以來未有的大一統局面，新型態的帝國。

統一前的兩百餘年，這段戰國時期的人類，他們的尊嚴和幸福，是無價的昂貴，幾乎是妄想，沒有人能擁有，生命也無法換到。當時國與國的情況是，我不侵犯你，你就可能攻伐我，只有武力威揚，像是鴕鳥的胃，什麼都吞吃。而軍國的擴張貪婪，又像一個癌細胞，不斷增殖分裂，沒有終止的跡象。實實在在是個瘋狂的人間，荒謬的人世。人，普遍都活在恐懼中，變得人非人兮，鬼非鬼，生非生兮，死非死。人人是在一個淒涼陰森，人鬼不辨的時空裏，半活不死的得過且過。

任何一個混亂時代，人在危機的處境中，由於激憤、焦慮、困苦、茫然的生存事實，普遍不安的心靈，弄得有人消極，有人徬徨，有人沉淪，有人憤怒。人生到底何去何從呢？他們不能決定，反而像在稀薄的氣層中，缺氧的呼吸。心神緊張，思緒也空寂了，只是越來越困倦，境遇在吞噬著脆弱的靈魂，人們無奈的頹廢，苟延殘喘。

這讓我想到浪漫主義的一種特質，尋求存在的完整和自然。我們可以看看，浪漫主義一位詩人克瑞基（Coleridge）的一首詩，詩題是〈失意〉。有一段詩語，翻成中文是這樣：

一種無聲的痛苦，空洞、漆黑而沉寂；
一種無名的鬱結，乏味、缺氧而窒息！
尋不到自然的出口，尋不到安慰，
無論在文字、傷嘆、或是淚珠裏。

這幾句意象的詩語，真是日暮途窮，人類求助無門的作踐情況。原詩的形式很美，內容也生動，我們只翻這一段能有中文的韻腳。但我們仍能從一些抽象詞彙的意象中，體會到一種情境：它是一種生命存在的狀態，形容當時身陷戰亂，一般人們癱瘓在邪惡時空的心情。也很像形容掉進一片沼澤裏動彈不得，幾乎不能呼吸，要把人給沉埋了。

那段時候，儒家的一套仁人君子的道德理論，政治主張，很難解答茫渺不知的罪行，如何遏止。更不能使惴惴不安的大衆，得到一絲兒的身心解脱。儒家的曙光，暗暗的幽隱了。而墨家簡易動人的口號，勤苦的勵行，熱門了很久一段時間，吸力也已不能持續，漸漸的失去其磁性，墨家的雄風，也被亂流趨散了。人們在邪惡的困境裏，癱瘓著。弱勢的平民，只能畏畏縮縮地，爬行在血腥殘殺的路程上，泣啼，流離，哀憐無告。凄苦的人衆，像在暴風雨下被恣意的撒潑無處躲避，只覺天旋地轉，昏蒙無已，嗚喘著呼吸。而人是要活下去的，怎麼活下去!?

就情況而言，當時思想的派別，已很複雜。正是所謂「聖王不作，諸侯放恣，處士橫議」。自由而一無攔禁的時代，是言論無遮掩，而大鳴大放的時代。然而，衆論紛紜，雜陳之中，損益朦朧而混沌，人們仍不知何去何從的渾淆時，曠野山谷間，散發出一種音波，有人接收到這種音波後，自覺到，解決當前重重危機，其觀點的路徑是，回歸自然，擁抱自然，與之共舞。

智慧不是人人都有的特質，知識也許能揭示半個真理，歷史還在證明的過程中。時代的氣息，逼出了一絲生機，此刻由曠野飄來的音波，緩緩迴翔在紅塵滾滾的空間，宛如一曲清平的樂章。一些人奔向荒野投入自然，期以自然給予的合作，給予的安全。當時毅然去與自然共舞的人們，跳出了恬淡的小步舞曲，一如乘筏浮進浩瀚的海洋，海闊天空，隔離了滾滾紅塵的焦躁。人去追隨自然，人便擁有了大海。

時代的氣息，因窮而變，因人而異。原本行走儒墨道上的群衆，這時也有人改換了路線。

自然的音律

人是要活下去的。在這戰亂不休的年代，社會上終於有一派人物，異軍興起，他們是經歷過一番大災難，大掙扎，而大覺悟的。他們好似諦聽過自然的音律，像是天啓的改變了思路。他們又像用了望遠鏡觀宇宙，顯微鏡察秋毫，X光照内象，還用雷射剖析本質。總之，他們認清了浮世人情，他們不再妄想做撥亂反正的活動，只轉換人生「指南針」的一個方向。這方向的界域，基本的内容，就是走向原野，回歸自然。

雖然他們走向山野，仍處在艱阻窘迫的僻陋環境下，但卻好像睡夢清醒後的舒泰。他們雖然孤獨並不惶恐，因為，他們已走過了各種行徑，試驗過各種觀念的生存，對那些行徑的不踏實，觀念渾沌的不可靠，已感到厭倦。他們此刻，深得山野間自然給與人生的韻味；它給喧囂以清淨，給焦躁以安寧，給安念以平實。他們在自然風韻中的改變，是把照顧肉體改為照顧自己的心靈。這些人，覺悟到自我的真實和自在，他們要大遺忘十丈紅塵裏的種種切切。他們認為，世俗的約束，物欲的無盡，權勢的取奪，都是爭端，都是擾攘。因此，他們對社會不阿世，對政治不苟合，對戰事不參與。他們所以有這種遺世的情懷，是設定事物在宇宙自然律下，會往復不居的。就像潮汐一樣，波浪會過去，會回來，再來的又還會過去。這種波浪捲著砂礫的滾動，一如人間社會中，財勢取取失失的滾動，辛勞不息，並不真能擁有，而生生滅滅的爭奪不止，至死方休。

這些人，大都是懂「六藝」的士人，也就是說，他們都是當時的一些高層知識分子。六藝原本是貴族的教育，有道德、禮儀、學藝、知識和軍事訓練等等的通才教育。由於春秋後期，孔子把一些知識傳授給民間，而他並沒有强調要通才教誨。後來，六藝，被孔子的傳人，分別為專項的科目，需要的就去學習，因此，凡是有利於職業的專項，就成為求學者求祿的石階了。

誰知到了戰國初期，民間大量接受孔子傳人的教育極多，為改善生活，平民只去學習「六藝」之一二項的軍事訓練（射、御）。因為當時諸侯國與國的戰爭頻繁，貴族打仗的士人大量死傷，於是這些學過射、御訓鍊的平民，就一變為速成的「士人」，補了貴族士級這種缺，因此，補缺的平民能去打仗，能殺人多，就能得爵賞多。已不像早期貴族士級的訓練，戰爭仍有道德規範的教養，仍有哲學歷史的教學。即使雙方戰爭，實際是競賽比武的一種勝負。而戰國時代六藝知識的教育，已良莠不齊，尤其政治學說，和道德倫理，已雜亂無章，儒學也已分為八派，墨家也一分為三。此時，百家爭鳴，軍事强國七雄爭霸，情勢的消長起伏，諸侯國已不聽命王室，一派兇殘逞强之態勢，中央的周天子王室，已無能為力領導了。

有時，人類的事物，是很難捉摸的。也難怪人類，一直和混亂的心情與複雜的環境搏鬥。但是，人是要活下去的。如何活？那時候是亂世，無序，無道，群龍無首。如何活？

生活實為一種態度。簡言之，是由一種思想的觀念為指導。所以人生哲學，正是人類需要的一盞明燈。當一些智者，開始沉思冥想是什麼原因，把人類帶到陰森黑暗的遭遇裏。難道是約定俗成禮儀枷鎖的反叛？難道是文明野蠻分不清的生態？難道是人性本質中蠻劣的再現？……他們反思再反思，結論是：

人類對事物的焦點，看得太主觀太嚴重，而忽視其他的客觀因素。因此，智者認為在自然法則的運行中，是有邏輯先後的。也就是有因，有果，因果如環，果因無端，沒有終止。微末的人，在因果生活的種種切切中，是沒有力量去割裂自然的規律，反不如跳出因果的環境，韜光養晦。如果蠻橫妄作，徒勞無益，非毀即亡。能跳出是非紅塵，反璞歸真，只有遯隱山居。智者認為持方枘而內圓鑿，豈可進入？方鑿圓枘，不可能相合的，所以，只能讓時間去審判。

這些天資極高，知識廣泛，宏才博雅之士，都曾閱歷過人世的滄桑，對國際間的興衰存亡，也有一定的評價。他們認為，天地萬物的變化是自然的，人也是自然界的一種形式，沒有任何理性成份，如果僵持人為的作法，永遠不能與自然的真實相契合。只有以虛靜的心靈去觀照，脫離擾攘而回歸自然，才能享受生命的過程。由於這種新觀念而改頭換面，隱居到山野的人，自在的去與「真實」攜手度日了。

這種思想使身心的轉換，就是在野的隱士們，從生命裏開展出來的自衛方式。當然，這些觀念並不是戰國時代的智者所獨創的。觀點上，和早古堯舜年代的高士，名叫許由，這位洗耳於潁水之濱的人，不願做帝王的情形，以及「楚狂」接輿，這位「怪人」跟在孔子座車後面歌唱，勸他避世的，還有些佚名學者，對從政的態度，都是知其不可而不為……等等，都有異曲同調之處。即使是時而抱怨的楊朱，也都還沒有形成一代思潮，一直到《老子》這本書出來，《老子》書文，是論述一種有體系的思想和哲理。之後，才普遍的傳達給人們一種新的信息。很快，就讓人在精神上得到抒解。成為一種獨特的人生風貌，使人在心理上有了釋放。這時期，應該是戰國時代的中葉了。

《老子》書，雖然是一本薄薄的小書，對當時苦難的靈魂，可以說是大大的解憂釋愁。因為老子的教誨和告示，是要人去認識宇宙萬物的來源，全心歸依自然；不執著，不擔負，並以靜代躁，學習水性……等等。總之，《老子》書，在當時具有非凡的心智。一時間，影響力是非常廣泛，甚至到今天，仍能滲入現代文明的浮世，為人樂道，為人研究。

老子的思想，開始在東周末期傳播的時侯，就是後來學術界通稱的道學思想。實踐這種思想而生活的人，被譽之為道家。

道學的號角，吹遍了中原大地，吹醒了當時的千家萬戶。像秋水一樣的清冷平和，誨人以卓識。那是一種放懷寥廓，迴環自釋的音律呀！

那麼，老子又是何許人接引的呢？下面有一些往事，可以告訴我們。

初起的道家

最早的一批道家人物，多生長在西周人所謂的「南國」，地理上又稱「荊」的這一帶地區。這是以黃土高原中央區為中心的分法。位置在中國大陸的黃河、淮水、漢水流域。在西周末年時，這一帶文物鼎盛，那知好景不常，後來，荊楚與諸夏附庸小國，經常在這一帶戰爭，動亂成為南方的大患，時間大約是商周的前後。

受苦的日子太長了。這時，一些文化較高的知識分子，目擊和身受人間的慘變，自然會產生厭惡。深知搶奪這類蛙鼠之爭，對人生極無裨益。任何人去解決這些糾紛，所耗費的心思和詭譎，幾乎也白費力氣。於是他們眼中射著世故的光芒，以豁達的身心，來解釋失樸和分歧離軌的欲念奇求。他們洞悉一個時代由盛至衰之後，會轉為革命時代。眼前所見的向下趨勢，在過程事件中，正負數的互變互易，早已屢見不鮮了。所以他們是博識古今歷史代變，而深明人間浮世的善善惡惡。

這些聰慧的人，在混亂的時期，自己不染世務，而且能做到避言（不談政治及國事）、避地（離開自己的國家，暫時移居他國）、避世（隱名埋姓卜居到荒山僻野）。他們只把感知感受，化為圓融的思想，有如音樂一般，錚錚有韻有致，在私下交往時，吟哦出來，流轉得蜿蜒不羈。

他們也都吃辛吃苦，向冷漠的自然挺進。我想，當他們在山間漫步沉思的時侯，無疑已觸及到人類學和玄學的問題了。看來，他們的生存很孤獨，但，孤獨人懂的東西，和一般人懂的不一樣，孤獨人懂的，一般人卻不懂。他們播遷荒山野林間，領受著全然自由的天地。因為在大自然裏，沒有為人的希望和意欲去制定限度。人擁抱自然，神采必恬然，心靈才會大自在，大逍遙，超曠而飄逸，對社稷事功一無牽掛。難怪史籍中少見他們的記傳。唯一能隱約看到的一個背影，是子書中提到一句半語的一位，其名叫楊朱的人。

孟子在齊國時，曾住在稷下（地名），那時的稷下，相當一處文化界聚會的場所，孟子在那裏，曾大發過議論，他說：「天下之言，不歸楊，則歸墨。」他很不以為然，認為兩種行徑都是極端，他只舉儒家為至上，且自詡為儒學的真傳者。把楊、墨兩家以往的學術，視為大敵，辱罵他們都是禽獸，前者無仁義而自私，後者無父母而亂倫常。這一罵，楊朱之學，在朦朧將淡出之時，迴光再現，反而被好奇的人們青睞。下面讓我們試試，盡可能的去面對楊朱，瞧一瞧這位道家先輩的真貌。

影子似的楊朱

先秦的書冊上，記錄最早的道家，初起於楊朱這個人，而楊朱一生的事跡，和他的學術，卻又是前無源，後無流，已經無能稽考追查啦。我們只好從後期的道家，《莊子》書裏的描述，知道他是位隱者。是位多愁善感，鬱鬱寡歡的人。但是另外一部《列子》書中，有楊朱篇章的一些論述，看來又像是一個縱欲的享樂主義者。不過，《列子》這本書是一本問題書，很可能是後人冒列氏之名而撰著的。

根據宋代和清朝人的考證，《列子》書並非周王朝的史官（歷史學家）列禦寇的著作，而確定是魏晉時代的人，假借列禦寇其名所寫的。因為書文中曲解了楊朱，並不是楊朱的真正面貌，我也同意，傾向這個說法。因為鬱鬱寡歡的人，大半是理想極高，而意志比較脆弱，是喜歡思考問題，屬靜態內向型的人物。享樂主義雖然粗俗，卻恣情放縱，很能自我陶醉尋快樂，而且還是自我中心的個人主義者。粗淺的說，這純然是兩種不相同個性的人，怎麼能混合為一個人的言行了呢！再說，全然不同的個性，必然在性向的活動上，表現不會是一樣的。《列子》是偽書（不是列禦寇所著）。宋、清學者的考證，應該是沒錯。另外，我認為《列子》書中也有一些佛教故事的記載，而列禦寇的時代，佛學佛教尚未傳到中土呢！佛教傳來時，是東漢末年，這也能說明《列子》一書不可能是周朝的名人列禦寇之著作的鐵證。作者不明查而去冒名，如果沒有特別要諱忌的原因，這麼做就是笨拙的事了。

《列子》書文裏，論調非常駁雜，他強調的快樂主義，實屬不顧任何結果，不顧社會制裁，是一種放誕行為生活的寫照。我們認為其中，很可能是「諱莫如深」，是當時某些狂狷之士隱密的心路歷程，而以「重言」（假借古賢之名）的方式，所發的牢騷，可以避免文字訟獄之事，這個動機，也未嘗是不可能的事，那就值得同情了。

因為，魏晉南北朝當時的政治腐敗黑暗，社會無倫無序，也和戰國時代，同樣是一個亂世的局面。而是時，一些學人名士的獨特異行，正是灰心現實環境的一種消極反抗，不似先秦時代深入山野的隱者。魏晉有理想的士人，一陣奇情怪異之風，雖然早已飄過去了；可是歷來文化人的生態，至今仍在不同時代的亂世中，出現在不同時代的地區，有不定性的特異情況。我們會在後面的分述中來簡說，此處暫不討論。往下我們瞧瞧，在薄霧中楊朱這個朦朧的背影。

孔子之後到孟子的百年間，墨子學說盛行於平民大衆間，楊朱思想被博學士人所喜，百年裏盈滿天下之言論，就都是楊朱和墨翟的學說。一直到孟子少年時代，孟子認為自己是真傳的儒家，所以大大的抗辯楊墨之理論，他的那句：「吾豈好辯哉，吾不得已也」，就是把儒家學說承傳的責任，加在自己肩上，大力的去批判楊墨不同的作風，實在是孟子的一種豪氣和豪情。

現在我們知道，年輕的孟軻說過，楊子為我，拔一毛而利天下不為。我覺得孟子有斷章取義之嫌，他沒有注意下面還接著有：「舉天下而奉一人，也不為也。」楊朱之寡歡忿言，可能是對當時的政治不滿，他不願只為一人效命，很想力挽狂瀾但覺力微，而無可奈何，只得自愛自重，隱於鄉野，以期來賢吧？孟子那時還很年輕，沒有工作，閱歷不多，但他卻以儒家傳人的姿態，在稷下大發議論，也只能說他當時是年少，有點游談無察而急進，以偏概全了，這情形，我們認為是一般年輕人，精神上的通性。我們不能抹煞孟子成熟後，對儒學的發揚光大，有一定的成就。而孟子年輕時，敢於高談闊論，是很可愛而有勇氣的「大言不懼」者。我能想像他那種雄壯的氣象。

有關楊朱的主張，在《呂氏春秋》、《淮南子》以及《韓非子》，都有提到一些。和《列子》書的整篇長談非常不同。要知呂不韋、韓非都是東周時期的著名學人，所著的書文，都是要用刀刻在竹片或木簡上的，因而不得不文字簡約。《列子》書，若真是列禦寇的著作，必然也是刻在竹、木簡上，不太可能長篇論述。而魏晉時，已有筆紙絹帛，累篇文論，可能性較大。想來這是可以作證《列子》書，並非東周史官列禦寇之作品，而是另有其人所著，我相信這是目前比較有力的說法。

以上我的這段贅文，只是想為楊朱思想定位，否則《列子》把楊朱的思想，寫成放情肆志的縱欲的人生觀，完全以「且趣當生，奚遑死後」的作風，這種張冠李戴，亂點鴛鴦，豈不誤解而冤枉人。下面請看先秦時的記錄多麼精簡：

《呂氏春秋》說：「**楊生貴己。**」

《韓非子》說：「**楊朱輕物重生之士。**」

《淮南子》說：「楊子全生保眞，不以物累形。」

漢代的劉安（淮南王），其書《淮南子》，雖然有神仙方術之言談，也提到楊朱是一位重視精神和健康，並不在乎物質生活的人。

歷史中，楊朱的言行沒有什麼鴻爪腳印，但經過第三者書冊中點滴字句的描述，我們綜合其意，能知其主旨。所謂「貴己」，說明楊朱是很自愛自重的。所謂「輕物重生」，事實上，他生活裏不追慕物質，只注重保健。至於漢朝淮南王劉安所說：「全生保真，不以物累形」，我們想，這是楊朱主要的思想。他是一個潔身自好，不得已，後來獨善其身的人。可是他的作風，像似曇花一現，以後，古籍裏，少有人再提到他了。原因是：這個自重態度的士人，已不願干預世事只主靜養生了，而與之同時的芸芸學者，皆以天下興亡為己任，各有一套治世主張，使廣大時空，百鳥爭鳴，鬧忙非凡。楊朱的言談，顯然淡化至淹滯無蹤。

也許楊朱身處亂世，對事態無可奈何，自知無力挽世，是故遠離是非，避隱山野，而「輕物重生」，成為一名自了漢。然而繼其餘緒者，卻大有人在，只是不為人知耳。這種自適思想，就這樣在歷史文化生活裏，踽踽獨進，卻奇異的發展了至少三條不同的路徑，其分歧的作風，雖出於楊朱之學，卻又是不同格調，不一闡釋的版本。

其一，是老子的五千言。視野吞納宇宙，內容翻捲萬物。戰國末期，莊子再接棒揮灑，意象紛華，則更上層樓。他們是繼承楊朱之學的脈絡，並發榮滋長，成熟一個完整的道學體系。可算是嫡系血脈。

其二，當時有一派方術之士，繼商湯時代的一些巫術，一轉術數、卜筮占吉凶，附會到與神打交道，以念咒驅鬼妖，又用符水治病，還有煉丹藥食之而不會死等等。於是，長生不老能成仙，便有了黃帝乘龍飛天的神話與信奉。他們以此引導世人，甚至使秦始皇嬴政，也相信採用鍊丹食之。這個集上層貴族，及民間信仰的各種迷信，混合術士誇張之言，加上畫符咒語之醫術作法，極盡奇異神秘之能事。此一偏鋒，即宗教依據之始作俑者。到了東漢末年，信徒多而有了團體，開始有固定信仰的儀式、教義、經典（《太平經》）和教規等等的宗教組織，道教於焉正式成立。楊朱之學，被術士將之一扭曲，而形成了一種人人修鍊，就可以成仙的迷信宗教。道教的神仙，之後越來越多，男神之外女神也不少，並且還有等位。道教創立者還把老子也拉了進去當教宗，封為「太上老君」。可說是匪夷所思了。不過，這是古文化醞釀的本土宗教。人類痴情的信仰必然虔誠而順服，是一種個人感情上的皈依和需要，我們覺得宗教之初衷，究竟是與人為善的一種濡染教育。如果無知的迷信者，只是拜一拜，燒一支香，繳一點油錢，就能成仙，那可是一本萬利了呢！可能嗎？

這裏附帶必須說說古時的陰陽五行家，他們多居濱海的齊國，比較多新異見聞，故加枝加葉，虛無放誕之言，在所難免。孟子曾罵他們是「齊東野人之語」，莊子也曾說過：「齊諧者，志怪者也。」是故齊人之誇大，宋人之愚笨，是當時人所熟知的。楊朱之學，由於「全生保真」的觀念，看重個體生命的價值，那裏會知被陰陽方術家一鼓吹，用丹鼎鍊功和符籙食藥的修身法，誘人去求長生不死。至此，道教一躍而為成仙的心理支柱，信衆大增，其實道教拉上楊朱和老子，只能說是南箕北斗。

其三，到了魏晉南北朝時期，士人喜談玄學，他們看似宗奉楊朱，讜言老莊，但又放達不守傳統禮教，並以依脾性為高尚。當時的名士，如王弼、何晏、阮籍、嵇康、劉伶、范曄、潘岳，乃至謝靈運……等等人，為一時輕慢禮儀之代表。話說回來，這些獨立異行，放浪形骸之名士，他們的言行不以為慚，也正是他們反抗當時無序黑暗的政治，一種怒目切齒之反擊表現。他們放情肆志，不理會制式，反而宣言表示：「君子不以是非為念，但虛心率性而行。自然而不違道，此亦老莊之言。」這些在政治黑暗下，心靈無法平靜的文人名士，看多了歷史無辜被殺的文人名士，深知政治的暴虐，莫過於當時殘酷的恐怖情況。他們迫於無奈，只有再思考人生方式以全身保命。於是，一種特異獨處的生活，便出現了史無先例的怪誕氣象。爛飲濃郁的烈酒，服用五石散，這是一種使人迷幻含砷的有毒藥物，正像一九五六年醫學研究發表的ＬＳＤ這個藥，是對生化過程的一種效用，能幫助精神疾病的解脫通路。五石散正與ＬＳＤ同樣有食後之興奮和幻覺，像陷入醉酒的景象，甚至能做種種大膽特異的事來。這股服五石散的風尚，在當時上層社會流行，其中複雜的心理是很可悲的，其中也有附庸風雅者，因為五石散昂貴，有虛榮的食者，以之顯示其富貴，也有精神苦悶者以之痲醉，也有道教中人，食之做為鍊內外丹功者，也與長生不死的信仰有關。這豈是楊朱之緒？無疑可怪了。

列子是否把楊朱看扭了呢？魏晉士人，滿不在乎之個人生活方式，是祖承楊朱的人生觀嗎？這可不能輕信。我認為這只是在魏晉時代的「列子」，他自己的一些觀察和所知所感以及其想像而已。話說回來，放浪形骸之名士，深知政治中的暴虐，他們迫於無奈，只有放任自我以為反抗。於是，成為抵拒一切文化禮制的叛徒了。

我想我是能夠理解南北朝那個時代士人的「心情」，但我又找不到一個適當的辭語來形容那種「心情」和「生活」。如果沒有社會國家使命感的人，是無法體會出來的。這好有一比，有時候，看到國家政治不振興，社會秩序紊亂，道德衰敗時，胸中悶氣，真想哭而哭不出來，只有走遠一途。在魏晉亂世，阮籍對國家失望的號啕大哭，他豐沛的感情，當如是流露，也是種發散，我一點也不奇怪。還有嵇康，這位「鐵匠」的許多文章著作，是和他叮叮噹噹的擊鐵聲一樣響亮。還有何宴、張華、范曄以及謝靈運……，但這些令人震驚的文人名士，也不全是楊朱的風神。只能說，他們的我行我素，魂魄忿鬱，只因心存國是，在當時的悲嘶，予後人有共鳴悽苦的一嘆，因此，才炯炯千古。

自從孟子評議楊朱之後，楊朱之「言」像似銷聲滅寂，其實非也。此時老莊已繼楊朱之緒，卓然而大事發揚光大楊朱未能闡述明晰的見解。於是楊朱之名，被老子莊子之名所掩蓋了。另外，我們知道老莊立言，有其書的單行本，而楊朱之言，是經過第三者的簡評。當時的人，並沒有完整的記錄，自然也就只有一個朦朦朧朧的影子了。

總之，道家學說，老子的書，乃至莊子的書，都有部分是楊子的思想，但，後來者居上，更上層樓了。

蠻性的遺留

我曾思索過人生裏一些問題，總覺得人性中的自私是生命的特質。這也就是人類避苦求樂的主要生存原因。也許會被人譏為大言不慚的質問一聲：「何以見得？」「可能是你，不是我。」「你上一章描述的墨子，並不避苦呀？」……。我不想在此作回答，這是要深入分析，會花費太長的篇幅。當然，也許你問得對。不過，每個人的興味不同，我雖然學的不是哲學，但找一個問題去思考，是我的樂趣之一，有時玄學都會引人入勝。這也許就是柏拉圖說的：「思想，是一種高尚的娛樂。」記得有一句英文成語說：

Before you know something, you must know everything.

這句話大概的意思是，你懂得一件事物之前，必須先瞭解一切和他有關的事。這意思有點是說，不能只見樹木，不見森林。

我們習慣了沉思，會成為一種嗜好，如果想通了一個問題，或一個現象時，會很愉快。這和學生時代作數學習題，解出了一個方程式，心情非常快樂是一樣的。可是，當我思想為什麼人生問題憂苦多於快樂時，我想到，只有用兩個辭彙，可以做人類的裁判，那就是：「悲憫」與「蒙昧」了。

看過去人類的進程至今，我們的確是從蒙昧無知而來。可是二十世紀人類的情況，又如何了呢？恐怕也只是五十步和百步之別了。人類的無知，依然有不同的步履。要知道一切文明，都是從原始的野蠻人，因文化形態發展而來的。就如同我們是從嬰兒發育學習而成人一樣。試想，遠古人類，最初的文化創造物，是兵器而不是農具。因為原始人最焦慮的不是怎樣去得到東西吃，而是怎樣不被野獸所吃到。這弱肉強食，也可以說是達爾文的生存進化論吧！

從人類文明的發展，所分的階段是：石器時期、銅器時期、鐵器時期，直到今天科技資訊的分子時代。由此可知早先人類製造的攻擊與防禦器具，以及日常工具所用的材料，是能來區分文化和文明的。

誠然，野蠻人進步得極為緩慢。假使人類存在地球上有一百萬年，那麼，野蠻期，就佔了九十萬年之多。野蠻人周圍充滿著危險，所以他們心目中的道德律是：「强力即真理」。所謂優勝劣敗，這在動物界，是極普遍的生態現象。因此，遠古人類為了掃除恐懼，他們爭鬥的本能動作，是要把仇敵打倒，所以時時刻刻都在備戰狀態。這是達爾文的進化論，還是達爾文的道德律呢？我們會不假思索的說，原始人的生存就得靠强力。優勝劣敗，適者生存，懂得用工具，已是進化的文明開始了。

現在，文明人雖然已無需警戒野獸來犯，但文明時代的人類，卻把異己的同類，當成假想的敵人了。看似一項自由活潑的競爭，仍然是「强力即真理」的規律。若說今日已文明，人類社會卻仍然在逞强力，這該從何說起呢！能不悲憫嗎？

我提原始人類以蠻性防衛生存，是因為感覺到今日文明的人類，似乎仍然保有蠻性的遺留。看看吧，有多少致人於死命的利器，小如手鎗等等在公然出售，有更强毀滅性的秘密武器在發明製造，這是「强力即真理」的表現，還是原始的野蠻呢？事實上，武器本身就是足以撩撥人的殺鬥，無論文明的利器用在何種爭執時，殘餘在人類性質中的自私，皆是蠻性的遺留。

好啦，親愛的讀者，再請看，文明的現代：

所謂科技文明的二十世紀裏，發生過兩次世界大戰，戰亂中出現過疲軟的人群。這使人遙想到兩千數百年前，當時，古中國的諸侯爭雄，百姓生存的蒼涼，和二十世紀兩次世界大戰，人們有著相同的心境。因為人的生活，是嚴重的現實，是自然端莊的事。沒有人願把生命當做遊戲，但是現在，還有不文明而有私心逞力的人群，摧殘了太多的生命，把人類當他們蠻性的遊戲。這難道就是太古時期的野蠻人和現代的文明人，同樣是以「强力即真理」為原型的生態嗎？

請容我以下把心中的一匹小馬，讓他奔馳到歷史中去，遙想那些班班瘡痍的事件。也許讀者覺得我選景的錄影歷史，這種對談的內容，會像似杜甫的詩句：「兩個黃鸝鳴翠柳，一行白鷺上青天。」天馬行空，不知所云。是的，雖然我把追憶書寫在咫尺，而思情卻隔了時間的山海，我的確不能强人去審美黃鸝啼唱的意義，就只讓白鷺自然的在青空飛翔吧！自然，正是道家思想的豐富內涵呢！

悲情的咆哮

二十世紀初，一九一四年，歐洲開始野蠻的暴力爭奪戰時，人類在希望的波峰與失望的波谷之間，起起伏伏。在和平與戰爭的二重奏下拉鋸進行。當時有位荷蘭的歷史學家房龍（Van Loon）說：

世界戰爭是一場可怕的災禍，但它並不意味著事情的終結，相反的，它促成一個變易時代的到來。到底這場戰爭值不值得？事實上，這場戰爭，正是新世界到來之前的神經痛。

房龍這句話說完不到三十年，神經痛尚未完全恢復，第二次大戰，又在一九四二年發生了。雖然兩顆原子彈，嚇阻了禍首軸心集團國家，於一九四五年投降。全球兩次大戰，夢魘似的也已過去。我們也可以形容第二次大戰，像一個幼童，經過一次更齡期出痲疹的病患。照說，人類應該成長啦，然而，事實不然，這痲疹的後遺症，反而像一個頑劣的青少年期，在各地都有不同性質的病象。二戰後，世界新的糾紛，接踵而至，沒完沒了。

中國的內戰，韓國的南北戰爭，南越與北越之戰，這些是亞洲地區，資本主義和社會主義思想的政治內戰。另外，中東地區，不同種族與宗教世仇的戰爭。還有南美洲以及非洲，甚至歐洲，都有疆界、人種、和政治的衝突和矛盾，此起彼落，間歇不止。後遺症的痛苦，不斷的啃噬著人類。除了有形的遭遇熱戰，還有無形的冷戰，諸如美、蘇兩國軍備的競爭，太空航天的競賽。因為原子核能的科學知識，已經可以由人類自由運用，氫彈的生產，核戰的恐懼，更加繃緊人類的神經。

請讀者想想，從戰爭武器的演進，戰事的內容，戰役的策略，戰術的形式等等，真使一個可以虛構奇幻故事的小說家，都無法想像，如果再有第三次世界大戰爭，會是什麼景況？可能用生化武器，細菌的病毒，也可能用核子大毀滅，甚至用雷射將種族基因破壞（個人有獨特的基因密碼，種族也有共同的基因密碼）……，這些科技化的屠殺，在在隱藏在精神中的焦慮，惶恐。使敏銳靈魂的深處，為生死不可知的情況而戰慄，為無可名狀的混淆而痙攣。人類蠻性的本能，在仇視和懷恨中，共嚐著無知的苦果。這種「蒙昧」，難道不夠「悲憫」嗎？

回述過去，二十世紀初期，一個塞爾維亞的學生，刺殺了奧地利的王位繼承人，成為一個導火線，歐洲一場大戰亂，幾乎毀了她們整個的文明，那場以世界大戰開始，以世界革命而終結。因此誕生了嶄新的經濟時代。這豈不也像西元前五六世紀，春秋戰國時代一樣，以封建諸侯國際間戰亂開始，以霸力併吞而終結，創建了大一統的帝皇時代。這都是在悲涼的陣痛下，分娩出來的異數。

那兩個時代，殺人打仗，人人有份。一切事物都是腐腥的，惡臭的戰場，屍骸遍處，鮮血爬滿了大地。人在這種情況，其性質比野獸更野蠻，在戰場上，因恐懼能認識到你不殺人，人就殺你，人性的凶殘衝出思考。可是為國去打仗，或者正確的說，為某一領導階層的決策去打仗，都被教育成英勇的責任。在那個時代，如果你怕送掉生命，如果你不征服打仗的懼怕，你就被看成奴性的人，是願意做可恥的亡國奴的人。誰又認知，那可咒詛的戰爭，其本質是一二人之私，在人生舞台上，表演獸性啃噬的一齣殘酷悲慘的劇情。

殺人，一般法律是不允許的，但是殺敵國的人，好像是有專業殺人執照。講到這裏，我想到唐代詩人白居易的一首敘事詩。題目是〈新豐折臂翁〉，新豐是地名，詩裏有這樣一段：

……此臂折來六十年，一肢雖廢一身全。至今風雨陰寒夜，直到天明痛不眠。痛不眠，終不悔。且喜老身今獨在，不然當時瀘水頭，身死魂孤骨不收……

這首詩是白居易在新豐縣的一家酒肆飲酒，和一位殘疾老翁聊天，記下來的真實故事。詩人的詩思詩情，用詩句反映成了詩篇。我們能從這首樂府詩裏，得到一些在戰爭中，殘留的淒滄和幽咽。

就讓我對這首詩的背景，做個小小的提示：因為唐朝，玄宗在天寶年間，徵兵千千萬萬，到雲南的屬地瀘水頭，為保邊防去打仗，戰後，沒有一個兵丁是活著回來的，連屍骨都沒有運回各自的家鄉。這個斷臂老頭，當時正是青年，本該被徵兵去打仗，但他為了要奉養老父母，只好用苦肉計，用石塊捶斷了自己的手臂，人殘廢了，這樣才能因缺了一隻臂膀，可以不用去打仗，因而保留了一條殘廢的生命，過著殘障的人生。

這個青年人這種自殘的代價，是否可恥？請讀者想想，他是獨子為何不能免役？因為他的老父母，已不能自理生活，他必須要盡為子之道。如果當時是你，該如何呢？當然，這裏牽涉很多兵役制度的不完善，是是非非都可構成爭議。然而，以往所謂「孝」的義理，是標榜大孝，是要孝忠國家和帝王。至於孝養父母，只是小孝而已。在大小兩難之間，這個青年人，對大大小小的孝的選擇，孰是孰非呢？當時這個年輕人心理矛盾的懼怕，可以想像。如果去，很可能一家三人皆亡。如果不去，自己則要有不能打仗的理由。這情形很像法國的一位科學家與宗教理論家，巴斯卡（Pascal）給我們的忡惕警語，他說：

> 我們在道義上，不是由自己的力量，而是由兩種相對立而又平衡的惡。正如兩股相對的風暴中，維持直立。若把兩種惡，移去其一，我們就倒向另一種惡。

這段話，可以見證新豐折臂的老翁。他雖然痛苦的活著，對「忠君」的道義上，是一種惡，是在惡中求生。如果他去打仗死了，對其全家生命而言，不也仍然是一種惡的結果嗎？因為歷史記載那次戰爭，沒有人活著回來呀！這兩類的惡，是人類的蒙昧無知呢？還是無力的悲憫呢？

人類事物，任何責任、道義、感情，若立場不同，善惡是非的看法絕不一致。當然，任何立場，都有其取捨的私心價值選擇。不自然的事物，必然引起立場的分歧，差異的評斷，現象的識別，利害的取捨。這都會含有不同是非善惡的爭論，這也正是老子書中表述的思想之一。

我這匹飛躍的無韁小馬，這時又奔進二十世紀初的歐洲大陸。遙見當時的文明人，凸顯著野蠻性的爭戮，使歐洲幾乎全面陷入戰亂。所有的現象，越出了常軌。人類的生命，被那暴風雨似的汎潮帶走一批，又一批，能夠從波濤的推送流回來的，全已是死裏逃生，傷痕累累了。

那個戰爭的時代，最具代表性的思潮，是一群打仗受傷回到後方的文藝工作者，他們對血腥戰場上，心靈中烙下的「叛逆」情思，蔚為一種意識凝鑄的直覺運動。他們都是被拉兵去參與打仗，在烽火中，生死存亡之間的戰場上，能與死神擦身而過，成了穿過戰火的傷殘者，這些傷兵們，都被運往中立國瑞士的蘇黎士城。他們心神的不安，由內心忿怒的吶喊，反映在他們的作品裏。其間很多藝術家在戰地打仗時，他們敏銳的心靈，感受到生命的無常，恐懼、憤怒、恥辱、厭惡、驚異，種種複雜感情的經歷，使他們的肉體和精神，有著荒謬的虛無感。

當這些藝術家，疲軟的拿起工具時，激情如火，奮力的宣洩他們受痛苦的折磨，把感受表現在他們的作品上，完全是反傳統的，反約束的，甚至於生活的行為中，也完全失俗脫軌。他們把個性的主觀意識，毫無忌憚的噴吐放射著。他們以藝遣哀，要破壞即成的一切，顛狂的砍去一根根陳舊經緯織成的網絡。那些震撼心靈的全是非常軌熟見的藝術作品，轟雷似的劈打在畫布上、文學中、雕塑上，以及音樂裏。他們創作的那些扭曲構圖，不調和的對比色彩；文字組句的怪誕和沮喪的意象；造型割切的粗鄙形象，不知其所意云；用各類器物的敲打，和機械碰撞的噪音，為曲調的音樂等等等等。在在是人類的自我，受到迫制的躁慮，以無言的抗拒下，反映在藝術上的一種控訴。這種無奈的發洩，實為變形的「幻覺語言」（Language of Illusion），它是可以熨平一些心情的。可是那種好似「澈夜狂風聲似吼，雨水猛襲落如洪」的作品，憤慨中似乎得到一些平衡，這類藝術的表現，幾乎要把傳統方式，沖刷溶解得稀爛，使之坍方沉埋了。

藝術家們「叛逆」的心態，底層糾纏的情結，可以說是一片寂寥又像一場烈烈熊火。由於思想的質疑，彰顯了藝術這種移情作用，內容的詬呼，似乎是對人類的無淚之悼。那知，給與觀賞者卻出現了新奇的美感，和藝評界新的理論。特別是視覺藝術，給人心靈和觀念，有煥然一新之趣。它廢棄了以往的藝術定義，也拋開物相的臨摹，而代之思想和感情特質的「形容」，來成為造型的要素。也就是說，把原來的物相，用不同它原來的樣子，去表現其變了形的狀態。這一變形，我把它叫做「形容」。這也就是人類思想的自由，感情的直觀。是當時的藝術家在生死存亡，波動的情緒之後，一股風暴式的神思，以藝術表達的「自由言論」。能讓人撫摸到人類創傷的心靈，像火燭在風前搖曳，祈告。又像默默的大哀，喋喋的控訴，以及一如雷擊般的吶喊。說實在，也是極為超拔的風貌，和以往的藝作迥然不同了。

西方藝術史，傳統的畫作，自希臘時代，所有題材都是人體美的表現，直到中世紀，又都是為宗教、皇室服務的「僕役」。那些千篇一律的歷代帝后畫像，《聖經》裏的各種故事和神話的人物。技巧是非常熟練，而內容則是淺白的，教訓的，一直到文藝復興，題材始為廣泛。就藝術創新而言，所謂現代藝術，就是歐洲大戰那段時間，最為天翻地覆的「革命」。當時最惹目的流派有：達達主義派（Dadaism）和超現實主義派（Surrealism）。那時的藝術種類，我想，無論是繪畫、文學、雕塑，多多少少也受了哲學家笛卡兒（Rene Descartes）的思想，所謂「我思故我在」。藝術家則是「我表現故我在」的觀念，揮灑而出發的。

我記得幾幅令我震撼的畫是，一個畫題為〈飲水器〉（Fountain）的畫，畫的是倒過來的便器。想來其畫作中的思想，是忿怒當時的政治和社會中，事物的是非顛倒，和錯用的醜臭。另一幅畫，像軟棉棉的油餅，樣子嗒然若失的靠在一張椅子背上，而實際是畫的一支鐘錶。它可能要表現的是一種疲軟的生命，不能進行運作了吧？當然更多的畫是些狂亂的視覺幻象，豈止不合傳統，簡直就像一群妖魔。這些「怪」畫，都是著名的畫家穆爾（Henry Moore），達利（Salvador Dali），杜象（Marcel Duchamp）……等人的名畫。他們洋溢出自我生命的風格，表現在藝術語言中，去批判政治顛倒了人生，社會失序了理性。這類作品，是一種思想情感有意念的表現，是一股澎湃不羈的力量，我們不僅只用眼、用心、也是要用腦子去審美其所表現的美感內涵。如果要我來解釋當時的一幅畫，就像有人去把一個完好的花瓶砸碎，你去看地上的情狀而畫出它散亂的形象，這是如何的畫面？然後再看再想這幅作品吧！

我個人除了不能欣賞當時所謂的文學、音樂以外，對繪畫和雕塑倒頗有好感。因為任何一種有生命力的創作，都是極熱情的表達。傷殘者當時的情況，正合了達達（Dada）這個法文字的字義：不在乎，他們的心情滿不在乎了。因為戰爭把文化打散了，一切文明也都毀壞了，人與人像似回到叢林荒蠻的生態。藝術家們此時用繪畫的語言反映人生，批評社會，詛咒戰爭，什麼也不顧了，只把怵目驚心的事實表達出來。這也正是一個戰亂坎坷世代的藝術，憤怒的對慣常觀念的挑釁，對慣常突破的審美。

我們從人類的特性看，無論東方西方，古代現代，都是一樣的本能和感情。在中國的亂世中，也一樣有許多藝術家，在筆墨之間揮掃鬱結。他們在人生意義上，一樣有許多無奈、苦惱、焦躁、掙扎的況味。畫家以淋漓的水墨色調，奔瀉的線條宣洩。文人以寓言的內容，諷喻的譏譬，動心驚耳的高志壯言，也盡了憤世嫉俗之情。這些創作，都是情感的溫度和重量。這些藝術作品，早時有宋代的米芾（米南宮），明朝的有八大山人朱耷，後期的石濤（苦瓜和尚），揚州八怪鄭板橋……等等的水墨畫，這些黑白色，讓人看了會產生一道寒流，體會到內含的語言。他們在中國畫史上，創立了一種所謂寫意的新風格。他們和那些因襲模仿的作風不同，技巧也不盡同，畫中也表現了思想的隱喻，和抒情的直陳。這倒和達達派作家心態，應該是一樣的。我認為，他們唯一不同是在物相上，中國畫的寫意，還沒有脫離物相，一般人還能從形象上看得懂。西方現代美術有的已不具形象，一般人的感覺它沒有真實物相，希奇古怪。在媒介材料上也不全同，中國古人多以水墨丹青和紙張，西方媒材用得較廣，油墨紙布木板之外，往往還用碎紙破布……等廢物料，增加畫面的質感。

當我們研究一個問題，追溯其原始現象後，必然可以獲得很真切的認識。同樣情況，我們知道第二次大戰，四〇年代的歐洲知識分子，心理的不安和頹廢，顯然與歐洲帝國主義的沒落，有著密切關係。一方面物質環境，隨著飛彈迅速發展，人的心靈，跟不上物質生活變化的速度，同時鈾原子的時代，給人產生不安。這時一些文學作品（有卡繆、沙特等著名作家）揭示人類的苦悶，以及人類生存現象的荒謬。代表這種思想的部分知識界，也是對時代戰亂的消極反抗。此時存在主義的哲學，盛行一時，大行其道。表面看來，似是朦朧的有點兒「悲觀」主義，又空渺的有點兒「虛無」主義的混合體。但也表達著「人可以自行創造自己」的一種「宣言」。也就是說，在人性各方面，强調有忠誠自己生命的一個自我意念：人之存在，應由自己的抉擇來生活。對嗎？錯嗎？這種困境的解決，能否以自己的力量拯救出來呢？

事實上，東西方人生的思想內在，都與其歷史的動蕩和文化的變遷有關連。人焦慮著存活的適應方式。我們覺得許多現象，因同果之間的關係，就和手段與目的間的關係是無法辨識的。二次大戰後，存在主義成為歐美流行的哲學思想，來勢洶湧，好像也波及到我居住過的海島（台灣）。許多大學校園如痴如醉的學子，接受它，擁抱它。他們只看一本卡繆的《異鄉人》，或沙特的小說選，就大叫「人生是荒謬的」，我們真覺得不可理喻了。

那知到了六〇年代，越戰跟著韓戰之後而來，在政治、外交、經濟，同時影響著半個地球上的國家，人類又一次喜怒無常的分佈在各處。有的國家因而經濟起飛（如日本、新加坡），交戰的國人死傷慘重。國際間，政治制度的勢不兩立，外交上別無法寶而潛入秘密。越戰，成了美國的淒怨，使近十萬青年，白白的去送死。

在美國，要求和平的一群人士，由於心理的困惑，反對徵兵去為別的國家打仗，國會沒有能力影響政策，鴿派無力阻難。這時有一大群中青年，集聚在西岸北加州舊金山附近一帶村鎮，表現著一種對國事的冷漠與抗議。他們憤世嫉俗，只做遺世之想，純以自我自在，不與人建立永久關係。無責無累的作風，能心不為形役的生活著。經常以冥想，靜慮，坐忘消磨時日，同時也不停的思索：

「人的尊嚴在那裏？人活著的意義是什麼？去打仗送死又為的誰？生命是什麼？死亡是什麼？人該相信什麼？上帝是否死了？為什麼全能的神不禁止惡？人文、人道、人權誰來定義？……」

他們找不到答案，這些「自由」人，大有我們唐代的陳子昂那種「念天地之悠悠，獨愴然而淚下」的情愫。但他們只覺得生活不可靠，人間充滿虛偽欺詐。社會被資本家壟斷，利益被富豪和權勢佔領，只有年輕人被騙。所以他們反工商業，反戰，反理性，反教育。他們諷刺當代社會是「鼠類的競爭所」，因為鼠代表著貪婪、不潔、狡滑。記得上古的《詩經》裏有〈碩鼠〉詩，《史記》裏寫張湯家的老鼠，東漢許慎説的「穴岩之黠者」，都是同樣寓意著對金權、偽詐，憎惡的表示。可見人心同，道理同，説出來，古今中外人人都能起共鳴的。

在六〇年代一大群人，聚集在美國西部小鎮的一隅，穿著簡陋，蓄髮留鬚，不修邊幅，天涼都披一條毯子（美國西部四季温和温差不大），他們打零工維持最低的三餐飲食。這些人在工商業發達的社會裏，標榜的理想是：

「回歸自然」

他們的生活方式是要脱離物質上、政治上、心智上，一切現實主義的約束。他們的目的是自由、和平、寧靜。當他們的活動被媒體報導後，的確是給庸碌之輩，一種精神上微妙的啓發和刺激。很多人蜂擁加入行列，幾乎要形成一個原始社會狀態的生活。

可是這些群衆，他們無力倡導和平去挽救戰爭，他們的熱情，只能用歌聲來宣洩。當時許多歌詞動心，歌曲動聽。像詩，像悲情的故事。他們之間是有不少天份很高的人，他們也用麻醉品、LSD、大麻煙來麻醉自己，藉以逃避厭惡世態的心理。（其中也有好奇者，混些時日就離開的。）這和魏晉時的名士，吸食寒食散（類似興奮劑），同樣是對現實國情不滿，但又無能力改革，只是自我「沉淪」選擇的生活相類似。

我個人認為，這些人們的狀況所以如此，可以觀測出，其中有特殊的含意。當然，這些人們，可能不是全為了當兵反戰而作的舉措。很有可能反對另一形式的「戰爭」（註），我特別用了個引號，因為現代科技飛速發展，知識爆炸，工作壓力，生活緊張，都像潮水湧來，令人難於適應。生活的節奏變換得快速，舊有的事物和習慣，無法在瞬間接受新的挑戰。過去的秩序，像飄浮在懷疑和戀棧的急流裏，使人手足失措而失去把握。現實生活中，使人不知價值在那裏？方向在那裏？目的在那裏？幸福在那裏？只能一味的滾動在十丈紅塵裏恓惶喘息。又像游牧民族，不能有固定的草原。

他們徬徨無主，面無表情的在大城市，面對歲歲月月的「戰爭」，時時刻刻分秒必爭的追趕生活，還不能保險職務常在，兢兢業業小小心心的工作，這種形式的「戰爭」，勞碌得就像被風吹起的灰塵，忽上忽下，許多人們已很厭倦了。一旦媒體報導西岸有愛自然，愛和平，愛自由，厭追名，厭逐利，厭戰爭等等的人群，正如火如荼的回歸自然，瀟灑的生活。於是，聞

【註】：這個有引號的「戰爭」，是形容中產階級在紐約、波士頓、芝加哥……等等大城市裏工作的人們，上下班乘交通工具的實情。因為城區居，大不易，是故人們多在市郊和外州安家。一般人每日需換乘至少兩三種交通工具，最後還可能步行五到十分鐘，才能到達辦公室。上下班來回，往往要費時至少三四個小時以上，冬雪夏陽中，可想而知其奔波之苦。

風而往的，不計其數。一般稱他們為Hippies，我們譯成嬉皮士。嬉皮士的思想，很快的像濾過性病毒體，傳染到世界各地。有的學了表面放浪不羈的行為活動，但是也有人，確實追求自然樸素的生活，躲開世俗繁雜形式的約束，得到某種程度的泰然。

記得杜斯托也夫斯基（Dostoevky）有句話，好像是同情，其實是責備那些反文明者。他說：

追求完全無秩序與顛狂，粉碎一切羞恥，因為說謊與生活已是同義語。所以大家要脫去一切，赤裸裸的相見，只有在絕望中，才會有更絕妙之趣。

我們要問，這到底是什麼心理，隱藏在人類精神中的這股旋風驟雨呢？

有人說，這是繼二〇年代，四〇年代，兩次世界大戰之後的又一個二十年。是六〇年代憤怒思潮的人生表演。

也有人說，是存在主義的變調——自然的創造自我的存在。

又有人說，這是學習東方禪宗：唐朝兩個和尚（寒山、拾得）參禪的遺風——遊戲紅塵。

更有人說，這是認知生命的無奈和有限，在死亡前痛苦的鍛練。

還有人說，嬉皮士是祖述道家思想，人法自然，儉樸還真，逍遙自在。

不論如何說，如何做，如何大大囂張的風行起來，我總覺得，這些「詩」一樣不邏輯的天真靈魂，是一段無政府主義的劇本排練，他們沉醉自由的只是喜歡冒險的興奮，是青澀放縱的崎嶇過程。我敢說，各地方的風從時潮，只是一時性的，新奇性或異常性的。如果我們不擺脫非理性的桎梏，純情緒的一任其自由發展，我們仍會陷入混亂和挫傷，更加使生命受到阻滯不前。但我認為也無需高壓干涉，可令其自生自萎。持這樣的關懷，也許是道家思維中的青山一木，未嘗不能大化流去。

不錯，每個時代都不斷要求精神的區別，代領風騷的一些人，是對人世間失望後，採取一種社群的生存方式。時間一久，如果沒有實質的益處，也就會煙消雲散了。所以我們也沒有必要悲嘆，或迷惑，人生中總有多元性的表現，只要出於自願，不損於他人，忠誠自我的人性和生命，這也是道德的。

今日世界，社會上的公共價值，仍出現著不定性的選擇。真正的未來，仍難免有破壞力量，和維持力量的共同制衡。因為人類的心靈深處，實有著最原始的一種道德的能源，這種力量裏，有相輔相變創發性的愛，這大概才是宇宙間的自然律吧！因為，道德的大目標是和平，而和平的考驗是愛呀！

當人類身心被環境所囿圍時，確實是有其來龍去脈的許多歷史文化的問題。也唯有思想觀念，才能領航人生。這就要有大思想家來指點了。

我這匹脫韁的小野馬，天南地北亂跑了一陣，無非是瞭望環境，想找一處水草豐裕而能恬歇之處，可是它，在那裏？

既然有人說嬉皮士打裂枷鎖，給人著魔似的得到一些抒解，是因為有道家的作風。那麼下面就讓我們到老子的莊園，入門去觀光他的自然景致，是否能誨我們放達，開闊，或宛如嬉皮士的一時性熱情。則看我們的領悟力，和辨識力了。

說「道」從頭

世界上，有一群人，不願追逐在自由經濟市場上競爭貿利，又有很多人，不能追趕科技旋風中的波譎雲詭，同時也反對維持國際秩序的各種戰爭，只想把自己從現代快節奏的社會中轉換出來，能自我自在自是自助自然的活著，這就顯然有一些觀點，是傾向道家的某些行徑了。以下，我們就探討道家的學術，簡說《老子》書中所代表的道家思想。

我必須聲明，解讀《老子》書的古今中外人士，有很多，闡釋老子思想的，也是多樣性的不一致。因此，張三說的是張三認識的《老子》，李四談的是李四研究的《老子》，而我要講的，只是自己體悟老子思想核心的一點心得。很可能會與人有雷同之處，也可能與人不完全一樣。我只想學諸葛亮，他讀書取其大意，我不會逐字逐句的去做五千言的白話文翻譯。我也不會像蘇東坡一目十行，只是想當然耳，還要人參禪似的去參。另外，我之所以不厭其煩，在前面，把古今人類的遭遇，無可奈何的古怪行跡，和偏鋒活動所表現的心態，長篇累牘的陳述了很多，這些都是人類終極人性需要的一種拯救。這個拯救的途徑，正是老子思想的一項雙重的自由，心靈和現實生活的一貫：道與德自然的統一。

《老子》書價值的重量不在篇幅，因為它只有五千字，它的價值在內容。要說內容，對我們而言，五千字還是太多了，五百字也可以了，甚至濃縮到五十個字，實施起來，也夠我們實惠的。所以我只選擇他的重要觀點，因為整本書裏，以文注文的地方非常多，也就是重重疊疊，反反覆覆的用不同語彙再作詮釋，目的無非是加强認知。可是我們探討老子思想，我卻要寫上五萬以上的字，實在繁雜多支了。不過，我寧願用多維度的特殊方式來討論，而且希望讀者確確實實，而不是模模糊糊，看懂我要說的，而不是有意東拉西扯。

我們皆能知道，一般非文學的書本（nonfiction），都是知識和理論的介紹，或是資料和報告性的編撰，而《老子》書的內容，是思想的啓發，和行為的啓導。文字並不難讀（有本工具書已足），我們可以形容它，像無韻的哲詩，又像無調的樂曲。在五千字中，分為八十一章。章與章間，並不連貫，也不邏輯。每一章，能自成一個單元，我覺得每一章，老子都可以大大發揮，獨立成篇。這樣一想，難怪它前後的章句中，有不同的詞彙重複的表達。因此八十一章的《老子》書，實在像是八十一篇短文的一個文集。

無論他如何重複詮釋，我們仍需要用大腦去窮思冥索，再以自由的意志，去實踐那個自然性質的道德義務，才能有厚味。之後，我們的心神，必也能吞吐萬象，了無牽掛。到此階段時，我們必能卸去了「情累」，以及不停歇的「欲望」，而得到了心靈與軀體的拯救。

於是，你會莞爾恬然，申申如也，而泰然的去敬謝這位先知老先生，給予的恩賜。

神秘的老人（問禮於老子）

老子是先秦思想界的一位神秘人物。他的事蹟已無法確知，只知《老子》書出來了，內文很受歡迎。至於《老子》書的作者是誰？不知道。學界有幾種探討的說法：

有人說作者是楚國人，姓李，名耳。

又有人說，作者曾做過西周的史官，是太史儋。

還有人說作者是古時的一位博大真人，這人就是老聃，傳說他是兩百歲的長壽老人。（「真人」是老莊思想中的聖人，為了有別於儒家標榜的「仁人」，故稱「真人」。其意謂著：真人是很本色，很自然，毫不文飾做作，是純質樸實之人。或說是生活得自然自在的人。）

據《史記》記載，孔子曾請教過老子有關「禮」的問題。禮，指的是什麼呢？我們順便討論一下。《史記》中記載「孔子問禮於老子」的事，同時也讓我們從這件事裏，看到原始道家思想之一斑。

禮，這個字，在當時所代表的是什麼內涵？《論語》裏，孔子和學生們，有很多不同的對答，這兒不再討論。但是，司馬遷在《史記》裏，記孔子問禮於老子，這個「禮」又指謂的是什麼？歷代以來，沒有人特別的討論過，大皆望文生義，認為理所當然的是指謂儀俗的活動，禮數、儀禮和宗法階級的制式。我覺得不妥，我認為這個禮字，是該加有引號的禮，這「禮」字，應該是指從事政治的大方向，大藍圖，大方案。也就是政治上種種制度，和行政管理……等等治國之事。我敢說孔子問禮，請教和討論的，是治國平天下的問題。我敢肯定孔子請教老人的是，如何革新管理諸侯國與國以及尊王之種種公務。

我之這樣肯定，是因為我們已知孔子早年，就很熱衷於政治的。他對治理天下事，很有熱情，二十歲左右早已是禮學專家。他希望自己也能和西周的周公旦一樣，輔弼明主，實現他內聖外王的政治理想。他之問禮於老子，正因為這位「老子」，曾是太史官，博學廣識，是政治經歷豐富的歷史學家。我還認為這個「老子」，就是指的那位博大真人——老聃，或是西周史官——太史儋，並非是著作《老子》書的李耳。下文我會有所解釋。

司馬遷在《史記》裏寫的老子列傳，有這麼兩句話：

孔子適周，將問禮於老子。老子曰，得其時則駕，不得其時，則蓬累而行。

現在，請讀者和我一同用些想像力，去看當時的場景。在當時，孔子可能正值年輕，他去京城去拜訪老人，請教政治的方略，老先生沒有做正面的回答，只說了：

得其時則駕，不得其時，則蓬累而行。

這情形是很有趣的。我們設想他們見了面，表情上，一個是惶惶惴惴的，一個是恬恬怡怡的。也就是說，一個很嚴肅，一個很輕鬆。一個正是活力旺盛，一個是爐火純青。一個心懷滿腔理想，一個是有為有不為。一個熱情如火，一個澹泊寧靜。一個醉心拯救天下，期望把人人都放在一個完美的模式裏，一個誨人順乎自然。

這種相對的心情，老人當時就避重就輕，建議孔子：「得其時則駕，不得其時，則蓬累而行。」我們譯成白話時，老人就只是說：「有機會給你從政，就好好的去做，沒有機會，就不必拋頭露面，只找個僻靜的地方，做些別的不同的事。」可能當時孔子不得要領，這段問禮的記錄，司馬遷也就無下文了。

問「禮」之後，孔子也許「不得其時」，所以他離開了京城。但他並沒有聽老先生的話，反而是恓恓惶惶，奔跑列國，仍然去找政治的工作機會，要表現自己的政治抱負。可是他十多年的奔波，到處碰壁，一直到了六十多歲，依舊「不得時而駕」。此時，他已厭倦政治的追尋，這才想到該換個事來做做了。

孔子畢竟是孔子，他是屬於儒家的，他沒有「蓬累而行」隱至鄉野，卻像一隻駱駝，任重道遠負戴而行，努力宣教經書，大收門徒只做老師了。但他的講學，仍舊有推銷他的治國理念，也和學生討論人生修養。一直到他很老的時候，他對學生形容自己年輕時拜見過的一位老先生。他說：

鳥，吾知其能飛。魚，吾知其能游。獸，吾知其能走。走者，可以為罔。游者可以為綸。飛者，可以為矰。至於龍，吾不能知其乘風雲而上天，吾見老子，其猶龍邪。

這段話，是孔子自己早年問禮於老人時，對老先生印象的一種形容，真可說是推崇備至，大有不勝今昔之感。「吾見老子，其猶龍邪。」這是說：「我看到的老先生，像是龍呀。」意思是指當時去討教時，無法捉摸老者的教誨。

我之把孔子問禮的事述說出來，這可以讓我們有一個比較深的印象。也就是說，司馬遷所記載問禮於老子的那個「老子」，可能是老聃，而老聃其實就是太史儋。老聃可能是早期的道家，如果他真活了兩百歲，至少應該是西周時的人了。假使《老子》書是老聃的著作，東周春秋時期的思想界，如孔子、墨子，以及後來好辯的孟子……等等人，在他們的言論或是書中，照說總該會有些評論的，可是春秋和戰國初期的士人，從未提過老子其人、其書、其學術思想乃至其行事。可見《老子》成書的年代不在西周，也不在春秋時代，也不一定是戰國初年，很可能是戰國中期了。

再說，生在春秋時代的孔子，早年問禮於老子，這個「老」字，是古時候的一種尊稱的意思，「子」則是先生的意思，是我們現在對男人的一種通稱。因此，《史記》所載的「孔子問禮於老子」是另有其人，決不會是著作五千言《老子》書的李耳。

我們認為著書的年代，應該是戰國中期，那麼，《老子》書的作者，當然就不會是傳說活了兩百歲的老聃，也不是西周時期那位做過史官的太史儋了。孔子問禮的事，我們猜測那位老先生，可能是和孔子同時代，一位博學的老人，他很可能是一位名士，是在野的隱者。

諸位去讀《老子》書，會發覺其文體結構和春秋時代的語錄體，演講記錄，問答形式的文字都不同。另外，《老子》書中，許多文句和用辭，顯然不是春秋時代所慣用的。此外，古時候「聃」和「儋」字，又是通用的。因此，學術界，大多數學者也都對這本書，是春秋時期的作品持懷疑態度。那麼老聃，太史儋，也就被剔除不是《老子》書的作者了。這一來，戰國時期的李耳，就很顯然是寫《老子》書的作家。若如是，孔子又怎麼會去問禮於李耳，問這位一百多年之後的晚生呢？孔子之問禮於老子，這個老先生是另有其人的呀！他可能是早期的道家人物，看來應無大錯。而《老子》書則應該是戰國時的李耳所著，也無疑問了。司馬遷把他張冠李戴，難免是一時記憶的失誤。

思想史的發展，往往也會受歷史文化的影響與塑造。戰國時代是個大亂世，在當時，周室無能，構成思想人生是多元性的，這是很必然的事。李耳生逢該世，又經過各種學術的洗禮，聰慧的人，推陳出新，也是很自然的。他對自然生態和人生苦難的狀況，嚴肅的思考下，獨特的闡發了各種存在的觀點，雖是時勢所趨，而哲人的思想在當時，可說是宏觀的。當時，《老子》這本書，被傳閱，被欣賞，像一束清浥芬芳的花序，展示了深厚心智的新律動，帶出很大的契機，似乎由危機出現生機。當時，老子的學術，使很多人心情緩釋，眉宇舒展，回到了理性。

這本思接千載，李耳的五千言《老子》書，我們在上面做了一些小小的論證，實在也沒有必要。不過李耳，這位戰國時代的楚人，可以肯定是《老子》書的作者了。然而，我仍認為，我們一般人只是為求知識，得到實質上的好效果，而並非去做專門性的考據或某項特殊研究時，無論老書新書，只要言之有物，言之有序，真有創見，實質受益，就是好書，實在不必斤斤於什麼年代。凡是有益處的書，是沒有時空之限的。只是著述撰文，應該署名，以示負責才是。

神祕的老人，已被認出來了，以下我們去聆賞老子思想的學術：道與德的理論。究竟它們是怎樣的一種舞步，和樂音，引渡了很多人們去擁抱自然。

道、德，它所傳達的信念，是存在的一種真實生態嗎？是宇宙中自然律的真諦嗎？這也許是我們需要理解的大課題。

老子的「道」論

李耳的這本《老子》書，又名《道德經》。這個書名，是唐玄宗讀了《老子》書之後，要人再刻印發行時所題的。這位多才多藝的皇帝是從書中的第一章，第一句「道可道，非常道」取出一個「道」字，又在第三十八章「上德不德，是以有德」拿出一個「德」字，合起來指定書名為《道德經》的。唐玄宗題這個書名，我認為是非常切要，他點出了作者撰寫的主要宗旨。我也覺得老子論道談德，是對人類靈魂受折磨時，一種智慧的人生啓迪。因為人類的各種苦難，都是對道德的不重視不理解，所以才會爭亂不休，蒙昧可憐。不過，這以後，一樣的五千言書文，《道德經》就成了道德家的一本金律之作，而《老子》仍然是道家喜用的書名。後代人相沿成習，一直把《老子》書名人名混而名之，作者李耳之名，反被忽視了。

古代稱一本書為「經」，是指聖賢之著作。就相當現代所謂的原理、通論、概論等等專業研究的理論。在古代有《詩》、《書》、《禮》、《易》四本經書，是當時封建貴族們求學的教科書。到了漢朝，學子讀書，又加了一本孔子的《春秋》，成為五經，到了唐朝有九經，宋朝又多四種書，總共十三經。經書，成為學人求知的課本，也是後來科舉考試制度時，必讀的書本。隋唐時代開創的文官考試，就有測驗讀經書的試題，成績優異，選拔入仕。這倒是打破了豪門世族，對政治、經濟權力分封官派的壟斷。可是像《道德經》這種思想性的書類，當時並不被列入考試範圍，一般士人，對《老子》書，只是隨興涉獵而已。

《老子》這本書，他思想的主要論題，有兩個部分，也就是說，有闡釋「道」的理論，和討論「德」的啓示。在先秦時代，是有特殊創見的一本書。它的內涵非常豐富，書中强烈給我們認知的是，生命的成因來自「道」，以及啓迪我們心智的安詳，是來自「德」。他在書文中提醒我們，去認識周邊上下外界存在的現象，並從不同角度切入去欣賞，不同方位的客觀情狀，有著和人類事務相仿的效能與效用。把我們的視界，引向海天蒼茫無涯的地方，又像輕揭心扉的第一縷陽光，讓人去頌讚宇宙，親昵自然，審美萬物，得到詩意，使人心靈敞亮。

老子的思想，在闡述中，把自然界的現象，隱喻人文意義的發蒙極美。在道論裏，他談宇宙，以及物質和生命的起源。在德論中，他輕揭人類的心扉，撥動人類的心弦，鼓勵人去學習自然界的生態。那些大地山川，高天星宿之美，之奇、之繽紛和秩序，也都是「道」的創化和「德」的培育。是故道德的作用與物質和生命，在自然界是一個作用而分不開的律則。

老子之所以有五千言的寫作，正因他不但經歷人間亂世，他也洞識周圍自然界千頭萬緒物種生存的現象。他覺得人類過去的苦難，是因為沒有去尋根檢點，才塑造了目前的無知狀況。所以，他對外界生物活動精微的觀察，到內心的體認後，使他直覺（intuition）領悟到宇宙萬物，有其一定的自然規律，這是他對物種生態現象的生與死，增與減，有與無的認知。於是，他自覺對客觀事物有了堅強的這個肯定後，那就是爆發出「道」的假想。他以「道」作為宇宙最初範疇的邏輯起點。於是，他把宇宙萬物的生成，綜合歸納為一個結論，就用這個「道」來表述。他訴說著物質與生命的來源，也就是他肯定宇宙萬物，皆由「道」（他假設的源頭）自然創生而演化出來的。

這個宇宙萬物的的始祖——「道」，可以說是老子感性的思維，經過理性的推敲，疊合而有的創見。這個「道」，囊括著宇宙物質與生物的誕生，以及其間的本質、本性，和本能。我們借用先驗（Priority）這個詞，說明老子的天賦推理能力，是相當可觀的。

《老子》這本小小的書冊裏，我們認為他似乎討論到形而上學（meta-physics）和本體論（ontology）了。這是一種至今尚未破解的玄學。可是當老子他肅靜嚴謹的抬頭往上看，低頭往下想時，這個時空宇宙中的萬物，使他相當肯定，是由一個來源而有。

他在論「道」的部分，闡釋「道」初始的混沌情狀，之所以有物質和生命，是由於自然的在時空浮動，因緣集會產生出來。同時，他又轉回思路到內心世界，思考到人類的生活中，身心的知感活動，就宛如複雜多樣的物種生態。於是他又把「德」的論說，放在「道」的自然本質上為基點，思維人類德行的本分、本情、本能，都是人性的一種靜動曲直生滅消長的運作。他讓人們去觀察領會他的言說：生物在自然界中，是如何在對待物種，取得平衡與和諧的生態。從而，能得到些許啓蟄，去振動人的心理結構，調節人我在俗世生活中，使心靈平靜、軀體安泰。這樣一來，我們願意說，道、德合成的認知，是老子穿上自然主義的禮服，譜出自然的交響曲，走進了歷史舞台，與人為善。它並非純然形而上學的討論。（雖然他借用了《易經》「形而上學為之道」的一個「道」字。）所以我不把它看著是純然的玄學，我個人覺得，他把道、德之論，歸入人生哲學中的人文教育是很得體的。請看：

老子在論述時，喜歡用譬喻法、分析法、推理法來指引我們。在五千言不同的章節裏，不同的文句中，前前後後，重重疊疊的分述，用來加强注意和相互對照。《老子》這本書，雖然用了很多不同的語彙，大皆是有相同的寓義，所以也可以說他是以章句注釋章句。因此，全書八十一章，幾乎有二十章內的一些語彙，去解釋其創言的「道」。並且分別在篇章裏，斷斷續續的描繪其本體，和剖解它的作用力。因此，我們認為老子，不但討論到形而上這尚不可知的宇宙萬物的源頭，他也論及到形而下，萬物成滅生息消長的現象，同時，他又用其識見把形上和形下直接的統一起來。這一來，我們這個有大腦思維的人類，似乎就不能隔岸觀火，我們都是因「道」而生，也要遵「德」而行事了。人類道德的好合，才能符合生生不息，綿綿不絕的恆長。

下面我們先試著去解讀，老子這位「自然大師」，他所創言的「道」。

老子的書，第一章開始的全文如是說：

道可道，非常道；名可名，非常名。無名，天地之始。有名，萬物之母。故常無，欲以觀其妙。常有，欲以觀其徼。此兩者，同出而異名，同謂之玄。玄之又玄，眾妙之門。

讓我分別段落，和讀者在紙上清談，我所能理解的一二：

「道，可道，非，常道；名，可名，非，常名。」

在這節文中，有三個「道」字，三個「名」字。重要的是第一個「道」字。我們從字面上看，第一個「道」，看來是名詞，第二個「可道」，就相當於動詞了，第三個「常道」呢？想必是形容詞啦！這一來，「道可道。非常道。名可名。非常名」我們從字面上看出老子要表達的可能是：

「道」，這個東西，是可以談談說說的（可道），但是能夠談談說說的並不是那個原始永恒存在的東西（常道）。「名」，是可以指物就事來賦與它的，但老子給那原始永恒存在的東西，臨時叫它為「道」，換句話說，那個永恒存在的東西，並不是一個有概念能夠感知的事或物。他這個名為

「道」的名稱，是臨時給的（可名），而不是我們所真能知感的（常名）。

當然，老子這節文字，是有宇宙萬物源頭的意識，或說是他假想的一種抽象概念，但他也說不清全貌。我們不能滿意其吊詭的說法，仍然好奇，繼續讀下去，要清楚這個「道」給我們的知識，或它的定義是什麼？這個「道」，它的特性、功能、範圍和形象又是些什麼？我們似乎要讀完老子的五千言後，才能略知老子所謂的「道」，是一種實存的本體。它是老子用直覺假設的，它是一種類物質性有作用力的玩意兒，無法說明它，也還無法實證它，因此使它又很抽象，也就無法有一界定的範圍，去下定義了。

這第一章，老子就開宗明義，已經表示他要談的，是一個很抽象的東西，但又給人一種疑訝。老子只給他這個直覺假設的「東西」一個代名詞——「道」。所以他聲明可以談論的，可以取個名稱的，都不是他直覺思維中的那個，原始而又永恒存在的「東西」。只是特別給那「東西」一個暫時代替它的字，這個字就是「道」。

道，這個單音字的字義，在古代具有引申、譬喻的多種寓意，學術上並使之內涵深遠，情況往往又增加讀解的廣泛和困難。但在通俗的概念裏，道的本義是路的意思。後來這道路兩字連用，就表示有規定的過程。如果我們說道就是路線，同時可引申為法則、規則、原則，也就是方法。譬如說先王之道，君子之道，經商之道，交友之道等等，都是屬於有一定方法、路線、步驟的原理原則之意。例如先王之道，先王，指的是傳統，先王之道就是指傳統的路線，傳統的方法和傳統的規律等等。可是老子用以代替初始那個東西的「道」，這個道可道，非常道的「道」字，就完全不同於前述的含義了。它不是所謂規律、方法、原則、路線等等的概念。那麼，老子怎麼說這個「道」呢？

在老子思想中，他說的這個「道」，是最原始的恆常的一種存在的實體。「道」，是老子思想裏，創化宇宙萬物的本根。在現實有形象的天地裏，「道」是超然於一切形象的東西。換言之，「道」，是一切宇宙萬物，最初最原始的因。所謂第一因（first cause），實體（substance），都是老子以後，哲學界的術語名詞，在老子的時代並沒有這些名詞。但這些不同的詞彙，都是指謂宇宙萬物之先的原因和構造物。而「道」，就是老子認為的宇宙萬物的始祖。正因為它創生演化出宇宙萬物，所以它是一種神秘的作用力，和一種混沌物狀質體。老子無法以一般人的感官去說明它，如果我們借用物理學的語言，我們就說「道」是可以類比「能與質」的混合物。用現代知識這樣來解釋「道」，相信老子會同意的。

老子本來不想把這個最初，最原始的存在實體，給它一個名詞，或是一個稱位，以便於談說什麼，予以模式什麼的。他雖然用了「道」這個字，在討論它時，好像非常勉强而不太願意的樣子。他在第二十五章裏，就很明白的表示，他說：

有物混成，先天地生。吾不知其名，字之曰道。

這樣我們能理解，「道」，是老子難以措辭，姑且用一個代替的專用名詞。「道」，只是代表老子思想中，那個最最原始，能創造演化出宇宙萬物，是最初的一種存在物質，或者說是一種混沌茫昧不可知的一團神秘物質的能力而已。

「有物混成」就是指，有一團玩意兒的東西，混混沌沌在一起。在宇宙開始之先，這混成的東西，老子不知其名，就只能給個字代替它，說它是「道」。「道」，不只是存在的東西，它必定是微觀物質太初的根源，否則怎能爆出宇宙萬物。〔按：當今宇宙學說的大爆炸（big bang）理論，即指宇宙起源於一個溫度極高，密度極大的奇異點的爆炸。〕老子在兩千三百多年前就把「道」，做為創生演化宇宙萬物實存的一個母因，所以老子以極大的熱情與耐心，來談這個「道」。

在僅僅五千字的小書裏面，講釋道，論說道，比喻道，有十數次之多。因此，我們說老子談的「道」，就像一首音樂變奏曲，在曲式中，「道」是主題的旋律。而「道」的旋律，在節奏、和聲、音階、樂句等等的變化裏，能以不同的方式展現，把主旋律這個「道」呈現出來，它反覆的出現，宛如清音緩歌之合聲，表現著這個曲調的大千世界，讓音符的奧妙組合為星辰，增添了天宇廣宙中五光十色物種的神韻。

老子這個開宗明義的序曲，已把我們帶入天地萬物之生成的問題上了，也就是說，物質、生命是如此神奇奧妙開始的。

現在我們已略知，「道」是不可思議的一種存在的「東西」，這「東西」，它能自然隨機緣複雜的創生演化無窮的萬物。老子姑且叫它是「道」，但老子又無法為它簡單判別其形式，範疇其內在意義之界說，來為它下一個定義。只是像這樣避重就輕，我們認為他並沒有交代清楚。

衆所皆知，一般可以指物談事，是指有造型的一個物類，可知的一種事件，故可以給它個名詞名稱。但老子為什麼無法給那個能創生演化萬物，最原始的那個「東西」，一個名辭或名稱呢？老子認為萬物，包括太空中的星辰，都逃不掉「成、盛、衰、毀」這四個階段。只有恒常不滅的那個東西——「道」，是永生永在的，因此，可以談談說說的，都不是那個不滅的常道。凡是有名辭名稱的事、物，都是指單獨一個形態或特殊一件事的概念，這名辭名稱就不能涵蓋其他的事物了。例如，茶杯就是茶杯，它就不是茶壺，不是茶葉，不是茶會或茶藝。這些事物都會有起訖，有消長，有開始有結束，所以，凡是有生滅，可以給一個詞稱時，就不是老子所言的那個「道」了。現在我們有了個模糊的印象，無妨試著想一想看，大概……；

「道」是永生永在的一個實體，它不是一件事物，但它能因時空機率有生化事物的力量和作用的結果。它遯隱在萬物及生命的深處，宛如一粒種子，可又是一粒變化多端的萬能種子。

老子書中這第一章的首段：「道可道，非常道；名可名，非常名。」也讓我們似乎意識到，常與變是相對的。事物會變，「道」隱在萬物中是恆常不變的。事物會有發展和停止的過程，而「道」不變的，所以是常道。

至於常名，我們的解釋，是無法給這個「道」固定名稱，因其無形態，是無相之相。譬如大小方圓，高矮胖瘦，都是一種形態，我們說，凡有形貌的，都是某種經驗的對象，或以某種工具儀器去顯示而得知的物相，這一切物相都能給它一個名稱，凡有名稱的，都是宇宙自然界，已知已見的客觀物體，或是人類能力可為的事物，我們皆能給以其名稱。唯其超乎形象，在宇宙萬物之先，那個老子思想中原始的「東西」，無法給其名。所以，「道」這個字，並不是一般能感知可見事物的名稱，只是老子無奈而用之代替那個太初原始的「東西」而已。

老子這個序曲，迅速的先將宇宙萬物之生成的問題，帶入了玄奧。請看他說：

> **無名，天地之始。有名，萬物之母。故，常無，欲以觀其妙。常有，欲以觀其徼。**

老子這個虛無縹緲的「道」，在此又提出兩個命題：有與無的觀點。有，表示現象界，我們能見能感的客觀事物，而無，則是那個創造事物，不可見的實存能力（我姑且說這能力是 force）。這樣一來，就顯而易知了；

有名，是自然界一切物種固定的形態，無名，即一切物種內在運動的無形能力。也就是說，道之本體是無名，道之用是有名。

我們再借用一些科學常識的名辭附會看看。無，我們也可以比喻是數學上的虛數，物理學上的虛時間。透過虛數或虛時間，也許能描述那種對比的對稱性質。實是有，虛是無，在數學上，實虛的組合，順理成章會解決一些方程式的。道的有無對稱性，不也正是物理定律本身的對稱性嗎？（這是借今日之科學知識，註疏古往的言說。）

道家系統中，有、無的觀念，是「有名」、「無名」的簡稱。老子把「道」的動靜創化過程，稱著有、無，但這不是性質上的對立。無，只是有的一個形式，有，是形式的內容。形式是簡單的，若其內容的作用力不同，就不是簡單了。我們只能說老子的有無觀點，是一個整體，就像一隻手有手心和手背。然而「道」是生生活躍，無滯無盡的。是故，宇宙萬象是因為「道」之宏富無窮的律動而出現。所以他又說：

無名，天地之始。有名，萬物之母。

「道」，包含有、無的命題。其實這是個形式命題。因此我們對「道」的觀念，照說也應該是形式觀念。老子肯定，宇宙萬物是由「道」所創生演化而成的，於是，我們才能懂得「道」不是萬物之一有形狀的東西，它只是萬物萬事之先的「東西」。它生化了萬物，而仍能在物中遯形，隱澀得不能知見。任何事物形象都有名稱，「道」不是任何事物，所以無名。

無名，也許正是宇宙洪荒混沌之時，還沒有任何動靜。有名，則似乎要出現什麼變化了。有，也就成了生養萬物之母。這個概說，是老子把宇宙萬物生成的過程，分為並行的兩個面向來看待的。在恍惚混沌未變之際，叫做無，混沌初開之際已變而尚未成具體的事物時，叫做有。因此，老子對於「道」之本體無、有的闡說，不表示已成的形體和事物，而是「道」自然的一項「力學」的動、靜作用。所以，說有、說無，都只是「道」自然律動的一體兩面。讓我再借用愛因斯坦的說法：「質和能只是一物的兩面，並具有同一現象」。這句話，是可以詮釋老子「道」本質性能的物理現象，也就是有和無，動和靜，「道」的動力學之形式。

接著，老子又說：

故常無，欲以觀其妙。常有，欲以觀其徼。此兩者，同出而異名，同謂之玄。玄之又玄，眾妙之門。

他的這句話，我們認為，老子是很自信的這樣說，「道」的特質是虛實兩態的。常無成為虛態，常有成為實態，是兩種組態（configuration）合一的本體。因此，「道」的動靜是自然奧妙的作用。難怪老子會說，其處於無時（靜），是為了看它神奇細微運作而生為妙有（常無，欲以觀其妙）。等到其有變化時（動），就要看其歸止處，也就是演化為定型的結果（常有，欲以觀其徼）。徼，這個字的意思是指最終邊際的物相。這句話聽起來很詭異，我們試以自然界能知能見的一隻青蛙，或一隻蝴蝶的成長過程來比喻，也許容易理解。在池塘裏一隻黑色小小的蝌蚪，在樹葉上的一條毛毛蟲，這就是所謂「觀其妙」出現了的實態，而虛態則是，蝌蚪和毛毛蟲在其有形體之前，人眼視覺看不見的「道」。一旦蝌蚪成青蛙，毛毛蟲變蝴蝶，這種自然結構演化到結果，這就是所謂的「觀其徼」了。青蛙和蝴蝶，就是已到邊際定型的物種。這過程就是「道」之動靜有無的形式，創化出不同內容的萬物。

老子「道」論所闡釋的有、無，可以說是「道」本身的深層理論。就像當前物理學量子論，是原子的深層理論。分子生物學，是基因遺傳學的深層理論一樣。這是說明「道」在自然創化的情勢中，我們可以領會「道」的幽遠，深奧，和微妙。而有、無，完全是「道」同時出現的形式與內容（兩者同出而異名）。這是自然創生演化的起步。

從第一章老子說過，無名天地之始，有名萬物之母。讓我們覺得宇宙之內的萬物，是「道」有、無律動的作用力。它在時空不同的機遇因緣進程種種因素的誘導下，在充滿千變萬化，挑戰的時空溫差環境中，自然擇息於四面八方，悠悠歲月，才形成不同結構，多姿多采的多樣原素結構為物種。我如此把「道」做為一個質能因子的運動，來詮釋老子這段話，希望不太離譜。因此，「道」本體的兩種組態（有、無），我個人淺陋的心智，已不能再深解，只有到此停一停了。

老子肯定宇宙萬物，都是從「道」這一扇神秘的大門出來的。老子闡釋的宇宙物種，皆由「道」而來，這真是神乎其神，彰顯了「道」的玄秘性；玄之又玄，表現出「道」的自然生化（mutation）性。因此，「道」是有著創造與演化疊合的神奇功能。

《老子》書，這個古典名著中的重要觀點，在我們看來，仍有模糊的疑惑。但是，這第一章，是老子宇宙論的核心表述，由我臆度輔以簡略的解說，可是我們仍然無法釐清，到底他說的「道」，是否一種物質呢？若宇宙萬物都是「道」這個材料構成的，它又是誰來制作，如何誕生的呢？我們還是要問。可是五千言裏，並沒有確切的答案，老子只表示過這是「道」的本然，無為而為的。

面對著成一家之言的《老子》書，我們駐足思考，他的思想裏，巨大的玄點——「道」，所蘊涵的本義，若用二十世紀的宇宙物理科學來比擬，正像所謂大爆炸理論的奇點。我認為老子能在兩千三百多年前，直覺抽象的玄思，能與這個創生宇宙的理論極為近似，可真是一位了不起的預言家，或者應該說他是一位先驗的科學家了。他用直覺，大膽假設「道」的理論，最後真要現代科學家來小心實證呢！

老子對「道」的闡說，我們雖然已勉強的通過迷霧，半知半解那個不甚清晰而奇特的東西，那就容我們再一次說說它的大致輪廓，以便加深印象吧，我們也大膽的用白話來簡括它是這樣：

「道」，是沒有形相的一種實存的類物質，自自然然在時空波動，包含動與靜不同情勢的互應。它非意志的把自已在溫差、速率、能量的振輻過程中，隨機演化億億萬萬年後，創生千差萬別不同化學成份，不同物理過程創化成的物種，最後進化到大顯身手的時候，是出來了有神奇大腦的人類。這就是老子闡述宇宙萬物誕生前後，「道」這個角色，所表演出奧妙的一切。這是將物質的動能與生命糾纏在一起了。

《老子》書第一章「道」的內容，我們能解釋的，大致如上。這第一章，也是老子思想最重要的論述。當然，「道」的本來面目，老子在第一章裏說得不夠，我們仍然是丈二和尚，有一些摸不著頭頂之苦。那就讓我們再去尋尋覓覓掘掘挖挖吧！

我們在第二十一章裏有了發現，先摘出的是：

道之為物，惟恍惟惚。惚兮恍兮，其中有象。恍兮惚兮，其中有物。窈兮冥兮，其中有精。其精甚真，其中有信。自古及今，其名不去。

再從十四章拈出一節來看：

視之不見，名曰夷。聽之不聞，名曰希。搏之不得，名曰微。此三者不可致詰，故混而為一。

又從中揪出一段來瞧：

其上不皦，其下不昧。繩繩不可名，復歸於無物。是謂無狀之狀，無象之象，是謂惚恍。

接著還搜索到第二十五章，其中有一節：

有物混成，先天地生。寂兮寥兮，獨立不改，周行而不殆。

以上幾個片段，可以把淡淡的霧裏那個神秘的「道」，從幽邈的密屋裏，朦朧的風情中，拼湊了一個圖案，像繪製立體派的一束奇花異果，散發縷縷芳香，襲人入勝。好吧，我們只有根據那些碎形的筆調來拼圖，試著去追蹤那個「倩影」：

她，初始時，是恍惚無形的，但朦朧中又好像有形相有物質（其中有象，其中有物）。即深遠又黯昧，又孕育著生化的種子（窈兮冥兮，其中有精）。這種子是真實可靠的（其精甚真，其中有信）。自有天地至現今，莫一物種不是由它生養衍化而成，故所以綿綿不亡（自古及今，其名不去）。以上是二十一章裏說的。

這東西，看又看不見它（曰夷）。聽也聽不到聲音（曰希）。抓也抓不著（曰微）。夷、希、微，是說這個「道」，無色無光暗、無聲無音、細小無形。從我們人類的官能是感覺感受不到的，所以目前人類的知識，不能察知追究，因為它抽象超然，你也可以說它是幽冥之物，這物是無色不能看見、無形而不能摶抓、無聲音而不能聽到，故混稱為一。這一，也就是他指的「道」這個東西。老子還說這「東西」，沒有明暗面，也沒有上下之分，故無以名之，又只能說是「無」，但它是實實質質的存在，無為無邊的生化，卻有著無窮的妙用。這原始的東西，之所以說它是恍惚，正是因它是無形之形，無物之物，自然的創化出了最後真實的生物。這些是第十四章內老子所要表達的。

另外，老子又說這個「東西」，能永不止息的游離著，它自立獨行，像似一團雲氣的混沌狀態，隱隱的、寂寥的、無目的的，不疲勞的在四方上下浮動。渾游中，自然結構、自由組合、自行演化，衍生出正反駁雜各色物種來。這是二十五章裏老子所描述的一節話。

綜上所言，我們有進一步的認識是這樣：

「道」，好像一個魔術師，自然而然的表演，以最原始的動能，使自己這個混沌狀態，速度不停的因勢變化，它之作用力，經歷了悠遠的過程，自自然然一步一步，組合成方方面面，各色各樣，也單純也複雜的結構，營造出了天地星辰，生化出了萬象物種。這真是奇妙無比的演技。如今，我們能從已知的生物科學，來理會、來測想「道」創化物種大致的發展：

生命的由來，在於「道」的律動，其重要的部分是程序，程序是經過了綿長悠久的演化。這是「道」費時無以計算的日子，在時空大地，集集散散才孕育出了原生物質，這原生物質，前進的路線，大致是這樣：當一個有機化學物出現在海洋，它宛如繼承了先祖的風神特性，也無目標的隨波逐流，數十個百萬年後，形成了一個細胞，一路前奔，適應、抗爭、分裂、複製、變遷、消失或成長，像是過五關斬六將的物理作用，危機中，擇情居停，因此進化到兩棲動物，有的從兩棲動物到爬蟲類，再一直發展為哺乳類，有的又分道揚鑣，成為靈長類，再不斷的一直演化，最後精緻到身心頭腦聰明的人類。這生命的由來，幾句話說得極簡單，過程可是億億萬萬年的時間哪！這樣的解釋，當然是生物科學分析的「進化論」了。

我們還可以從已知的基本微粒子夸克（quark），假設為第一層次的物質，它在溫度適當的情況下，層層向上挺進，其無窮的作用力，扮演著諸如核子、原子、分子、細胞、生物體……的自然組成結構，則大自然的七寶樓臺的頂端的生命形態，就是我們人類這個物種了。這個解說，如果讀者願意把我前面提過的近代天文物理科學家所謂的大爆炸理論來參考宇宙萬物的起點，又能藉物理科學技術，知道「基本」粒子，了解由電子、夸克、光子所構成的微細物質，無盡的再分解，到最原始的根根，就是一團混沌物。或是從已知的粒子這個單元，一步步發現出核子、原子、分子，到細胞生物體，再經過宇宙一百五十億年生化過程，之後才出現包括了無生物及生物。這個過程，時日可真久遠。而人類又是萬物之中，最精緻的一種有思維，會推理、會說話，還會做記錄的高等動物。瞧，這人類，是多麼珍貴呀！

生命這樣從流溯源，不！是從源順流的發展，能強調印證進化論這個科學的步伐，真是可以比附到老子的直覺預言。如果他的直覺是對的，那則是一個單純的過程。因為現代分子生物學ＤＮＡ的序列，提供了我們的視野，原來所有的生物，有個共同的祖先。換個說法，也就是宇宙中生命的起源，是由一種「東西」演化而成。這東西，你當然也可以認為它就是老子所假設指謂的「道」。這共同的祖先「道」，似乎已接近快要被科學界理解了呢！老子「道」的理論，也就可以有驗證的系統和路線了。

我們再瞧瞧，五千言裏，老子還很感性的這樣說：

道生之，德畜之，物形之，勢成立。故道生之，德畜之，長之育之，養之覆之。

這表示，萬物雖然由「道」之無為運動，演化而生，也是由「道」的自然德化，育養而成。這都表示「道」是體用一致的。萬物之生、形、畜、成，長、育、養、覆，老子說皆屬「道」有「德」之用，才能綿延不輟。

從老子這個觀點來看，物種的生態要素，實實在在就是一種「自然道德」。我們甚至可以把「道」象徵為生殖，把「德」解釋為營養，生殖與營養的循環，才能有不絕的生命。人類與其他物種無一例外。雖然宇宙萬物發展得千頭萬緒，然而其自然法則是萬變不離其宗的。因此，道生而德養，就能使物種得到愛護和延續。五十一章的這段話，我們能理解的是說「道」創生了不同物種，是「德」育養而使成形成長。如果愛的表現都繞在物種的四周，我們生命將有更光亮的七彩火燄。接著，老子又於下一章裏說：

天下有始，以為天下母，既得其母，以知其子，既知其子，復守其母，沒身不殆。

這是說「道」與萬物之親密，也真像我們動物世界的親子現象，像母子的血緣關係。老子這段話的意思，認為「道」基本的動能，隱密於宇宙萬物內，萬物不能離開「道」且遵行著「德」的作用，至終不會有禍害等等的危險。我們若用現代生物化學的基因（gene）結構，比擬其任務，就很傳神了。那也好像DNA在身體的細胞中存在一樣。難怪莊子說：「道，無所不在，在螻蟻，在稗子，在瓦瓶，在屎溺……無乎逃物。」。

萬物現象界沒有內在的「道」，其運作就失去根源，則險象叢生而會出岔。老子在五十二章的這段話，可以理解宇宙中的萬物都是「道」的「子女」，子女以母儀為範（復守其母），可以終身不出錯，沒有風險大難。換言之，道德合之就是生命的大好風光，是物種綿延的自然規律。

我們還會疑問，「道」開始於自然的運轉，之後形成一種「母力」，它生養衍生演化出萬物，這條變化途徑中，生物與無生物的分野又何在?老子沒有說明。我們動動腦子，只有從生物學家使用的一大堆化學術語，知道物種的基本程序，都是化學原素不同的效應，而活細胞的化學反應，是生命的基礎，是因物理的作用。然而物理學家描述自然界，是以無限維度空間，及更抽象的數學概念。其實數學概念，對一般人解釋，反而更加複雜難懂。可是老子在四十二章裏卻極其簡捷的只表示：

道生一，一生二，二生三，三生萬物。

老子很直覺的形上學和本體論的思維，我們認為他假想的「道」，不僅好似含有一團質，內在還似有種能，這個質能的觀念，就似乎是說，「道」由混沌狀態（質），自然律動營造出來一種母力（能），這個母力又於時空變異裏，分化許多不同因素的質，經混合自然互動的作用力，使情態萬殊，真可謂萬紫千紅，萬萬物種就自然由之而來。老子這個神奇的表述，一開始的芻言，就是把創造與進化的系統統一了。「道」即能創造又在進化。這個論點，讓我們看到了一個天才，他理論的魅力。

「道」的運動，初始於無為。老子又以一二三數字，表示「道」自然而然的在時空逐步創化出萬物。這團質與能產生了的母力，也就是指謂著開始的「一」，「德」則是「二」，是指謂著培育調養，萬物是「三」。這是指宇宙間的生物與無生物，是因道生之、德養之、而能存有。而且過程由簡而繁，由少而多，像似幾何級數的增值，也像細胞分裂的發展。所以「道」是給萬物以生，有母子血緣關係，「德」是愛養萬物，才能綿延萬物。人類當然也是「道」的子嗣，這是從生物的無性生殖，到有性生殖自然的進化，這就毋須疑問了。

老子最後用三來代表多數的萬物。這個「三」的數目字，是根據當時的習慣用語。後世慣用的三思而行，三思就是多想想，而不是說只想三次。又如，陶淵明的〈歸去來辭〉有「三徑就荒，松竹猶存。」這三徑是說，許多許多小路，叢生著雜草，顯得一片廢蕪，只有松竹仍在。這個三，是指多數。老子這個「二生三」，三，就是客觀自然界，它代表了許多許多，表示所有一切的有形物種。這四十二章，用數字所表示的邏輯創化過程，多精簡呀！

天才往往是喜用數學來提供複雜的語言，用數字代替邏輯推理。可是資質平平的我們，解讀老子描述的「道」越多，越會弄得似懂非懂了。我們只能說，宇宙裏，還真有很多我們是看不見，摸不著，聽不到的事物。

例如電、波、空氣、輻射線……等等，它們都能有不同的作用。都是由人類的頭腦對客觀現象，鑽研、追究、實驗而發現的。然而，這類自然界事物的發現，老子表示皆又來自一個總原理——道的運轉（這個說法，是老子思維推理的歸納法）。至於科學的驗證，只能說偏在整體的一隅（是用「開刀」分析的方式），所以科學有其局限的理論，因為，每一次科學理論的進步，都顯示新的神秘，不久，又不確定。不是嗎？

就像我們以前能知的一個物質的粒子，其基本構成是原子，可是學習愈多，知識反覺愈少了。因為原子又揭發了核子，核子的誕生是質子、中子由夸克的强力把它們黏合而成（夸克又有多種樣式的）。物理學家可能發現夸克內，還有更細微的粒子。肉眼當然是看不到，要靠高速分離器去打散它。科學的系統就是把理論證實出來，這實驗證明的結果，可以堵住人的駁斥。

而思想家則是觀察推理，靠敏捷的邏輯思維來表述。這兩者不同的途徑去「認識」生命的來源，都可說是用了直覺開始的「預言」。只是，科學用的工具比較高昂，吃力。思想要用天才的大腦，和歷鍊。

我們還可以說，科學家是把能見之現象，探索追根證實到肉眼看不見之「物」，提供一個組織原則的因素；思想家則是把看不見之「物」，從根源牽出，以其為基本依據，預測其趨勢的發展，推論到能見之物。因此，這兩極不同蒐尋實體的解謎法，都有模糊含蓄不能用通俗易懂的語言，這常會令一般人無趣而止步，不願多去理解。我倒有個浪漫的想法，難道不能把思想界的宏觀融合歸納法，和微觀的科學分析法，集合成為一個人文與科學自然道德的新學派，使複雜豐盈的萬物，就現狀來維繫一切生態的平衡，直到地老天荒，仍有得風情可觀。這豈不是以整體的終極關懷自然，推動道德的新文明了嗎？

話再說回來，老子在兩千三百多年前，他那個時代所說的「道」，我們是無法用官能去捉摸來感知、或用實證去認識的，只能去會意，去想像了。因此我猜測，老子的終極人文關懷，其原意可能是要人類體現人性本質的德性，人生才能太平久安。然而以往說天道講仁義的政教，已不能起作用，使人間苦難無以拯救。所以智慧的老子轉換種方式，示意人去省思，並且告人去認知，德是道的體現。道是一種似無實有的生物質體，因德的養護作用，才分娩出萬物，萬物因行德才能綿延存在。人若肯放眼體察萬事萬物的自然生態，必能有所領悟，這也是老子用心要表現道、德好合的玄秘性。所以，我們首先要略識老子所論的「道」，理解它的本質和特性，我們來用白話，簡約的這麼概括它：

「道」，它是抽象的實存物，有著自然的創造力、演化力。它的運作是無意識，非意志的。它包含動靜的兩態，在時空裏時刻的騷動，偶或又停頓著，分裂、失序、結契、隨機生化而組合著。它是質體和動能共同的表現，這個異名而共同的表現，就是老子闡釋宇宙萬物的來源。而這個原點，就是「道」。

不過，依我看，老子所云有無，動靜，自然，無為的觀念，含有中國的一部老書《易經》的啓發。《老子》與《易經》有一個對人生相似的觀點，認為人間的一切作為，「物極則反」。但《老子》與《易經》作者所云的反，卻又不全相同。《易經》所言之反，只是一種循環性的輪迴。而老子看事物的反、是相對的，是反復不同的，並且是有損有益的。老子所言的反，即復的意思，復即是再興起，這是種新生的反，是有益有損的再現。是同形式不同內容的「反復」。這似乎又有些辯證法的味道了，這裏暫時存而不論。

老子的這個道論（形上學、第一因、本體論），我們無法反證它不對，因為老子把自然篤信成「道」的終極律則。老子直覺的預言，和推理的思維，給宇宙萬物之由來，戴上了這頂崇高至上，光環四射的自然王冠——「道」，肯定「道」是宇宙物種譜系的始祖，誰又能去把它裁掉呢？所以，我們因此也就有一種，先驗的「類科學」的概念。一切物種之美妙誕生，我們就暫時相信皆出於老子所論的「道」。「道」是創造者也是進化者，本質上是雙項合一的特性，自然也自強。

老子在五千言中，論「道」頻率是極多的，我們也就學模學樣，再嘮叨一次，把對「道」的印象做次掃描：

「道」這「東西」，初始時，有如一團雲氣物質的混沌狀況，它無目的的四方上下浮游，造成時空與之互動而有溫差，這團類似物質的「東西」，不斷地反復日新，偶然的結構著，遇合而組織著，由單簡的生化而演化，以至詭譎為紛紜複雜的自擇重組，不斷產生了異樣，直到完成其各個不一的形態固定，成就千千萬萬不同的各類物種，這就是宇宙萬物誕生的原委。

好啦，我們雖然試圖對「道」這「東西」，做一個生動的定義，但無論如何仍嫌概括得不夠嚴謹。不過，我們仍意猶未盡，感染了老子的那種心切。我們只好再多言碎語，用形容來描寫它：

一團無色無聲混沌無形的東西，它飄逸閑適的游動，無欲無求，卻隨境變化，帶著豐富的發展，進行合成結晶，代謝複製，改頭換貌，不斷的日新又新，自強不息。這一切，經過漫長的綿延，竟而因此打出一片「江山」，這就是天地萬象，包括我們人類，也生存其間的大自然。

老子他並不是何方神聖，但他書中的「道」論部分，可說是打破了古老的神鬼迷信，以及宗教信仰，能夠接近理論科學的假想，訴說萬物的初始由來。他這玄而又玄的玄思——「道」的闡述，讓我們尊敬他的博學，他的確是位先知。他的思想理論，是能提供好奇的後人，去研究，去證實真理的一個廣闊資訊。雖然，至今學術界，都還在探索物質和生命的由來，還不能確證其原點。而在兩千三百多年前，《老子》書的論點，實為融合了神學創造論，和科學進化論的統一。讓人們發現一個新穎的桃花源境。

也許嚴謹的科學家看不懂「道」的理論，他們甚至還可以戲稱夸克或D

NA是「道」，但是說這話，是很感性而並非是論理。老子釋「道」只是推理的，他是要人們理解其發現：洪荒混沌中有豐富複雜的井然秩序，這秩序就是自然界宇宙的系統機制，是萬物存有而可綿延的真理。

我想真實而謙恭的說，就人類現有的知識和工具，老子「道」的這個理論，似乎還不能驗證的，但是他引申出來的「德」，這是可以驗證的。「德」是老子為這個過於抽象的「道」，用具體自然生態的現象，提供一些實例的借鑑。因為這個抽象假說的「道」，把它所理論出的「知識」，轉折到人類生活中去實踐時，人類社會的生態現象，所體現出的這種人文經驗，就是可以證實「道」的假設是正確了。這是我們要在他的「德論」中去討教的。

宇宙太大了，它可能還在膨脹。近代人用哈伯（Hubble）望遠鏡觀測宇宙，銀河系就有上億個之多。它們分佈的範圍，離我們地球的距離，有的達數十億光年之遙。我們這個地球在太空，微末得有如滄海之一粟。我們現有的知識能力，目前還無法真正理解宇宙全方位的複雜和神祕。老子的道論，實在又玄之又玄，我不認為「道」在物質世界有完整的真實意義，不過它因揭發自然生態的存在而得其意義，它也因告示「德」的孕育作用，能夠綿長生命而得其價值。因此，「德論」的啓示，也許是我們人類自求多福之方！

以下，我們若願意欣賞老子的「德」論，倘若又對其中的話語有所領悟和實踐時，或許正是一個人，對自己人品的提昇，生命情調的滋潤。因為它提供我們一種革新精神的視野，學習到自然律中芬芳的生態。那時，我們周圍的氣氛、秩序、事物，對人類這個物種而言，則是一方淨土，全部悖然於心。生命的舞步，使生活品嚐著優遊與喜悅的韻味。

有心的讀者，請您偕我同去共享空谷足音，如歌如樂的美學行徑吧。

老子的「德」論

有一種傳說，當時老子離國避地，要出西北長城的函谷關城門時，守關的人，知道他是一位有學問的人，因此，出入境守關人，找他「麻煩」，要「買路錢」。不過，這個出境費，要得非常高雅，原來守關人，懇請老子談談生逢家國在亂世和衰敗時，人倫喪失，社會不安，暴政虐民，百姓流離，人當如何自處？老子悲天憫人情不能卻，針對時弊，於是寫了五千言的小書，交給守關人之後就出關了。這一走，就不知所蹤。這個傳說的虛實，不得而知，我們姑妄聽之好了。不過，這五千言的小書，就是傳世至今的《老子》書。因為五千言沒有文題（title），傳閱時人人只說是老先生寫的（古稱老子），而不言作者姓名，後世也就把這五千言的書，和作者通稱為老子了。

秦漢以後有很多學人，認為《老子》書，是一本帝王之師，以清靜無為，治國理民的政治學。又有說是一本明哲保身，妥協、悲世、消極、逆來順受，是阿Q式的的柔弱教本。更多的人說它是養生保命，成仙修道的一種鍛鍊。還有人認為老子和他的後繼者莊子，都是個人主義，自掃門前雪，放任自適，不管別人的事，以圖清淨的。這些不同的評價，我想大概都是他們個人讀後心得的答卷吧？可是附和的人還真多，我不能完全同意這些論調，只能謙遜的微笑，因為老子的思想和心態，並不是一種逃避也不是鴕鳥作風，更非置閒投散不進取，也沒有指示領導者以權術牧民。老子的思慮，方方面面有其啓發的積極性。

我個人認為《老子》書的品味，是一種開放式、廣角度、多維空間的啓思箴言。人們可以從中有自由取捨的解讀，只要能領會其中真義，就能在心中培養一分春，做一個心身健康的人。在人生舞台上，有著革新的宇宙觀、人生觀、和生活適度觀，而能喜樂從容，泰然自若。

雖然老子的思想，在精神上是柔軟的，在物質上是素樸的，在生活中，實際去履行這個原則，就是相當積極的了。因為他的「德論」，完完全全是讓我們以宇宙為良師，以萬物為諍友。你可以自動自發，沒有壓力，也沒有人來約束和限制。如果你對之無動於衷，那你是只用眼睛去讀，這就可能視而不見，如果用心靈去讀它，才能聽到他的聲音是從空中垂直而下，能扣動人的心弦。

我認為老子對人生道德的視野，是從宏觀中的自然律得來。所以他用「道」的本質，做為人類至上的行為導師。因是，他把人類的德行，放在「道」的自然性上，所謂「無言設教」。他剖釋一切事物，都會有其時空不一的自性，了然其異同，認清客觀規律，才會去改造主觀世界的種種執著，這樣就可能掌握和諧的轉化。

我們隨便拿農耕種稻來比喻，如果希望稻米成熟得快一點，產量多一點，可不能去揠苗助長，但可以研究土壤，改良稻種，對日照、水利，以及使用氮、磷、鉀肥料的份量等等知識，做深入認識稻作的生長規律。若不尊重其自然規律，亂來一通，必然出錯失敗，輕者勞命傷財事小，重如農藥的濫用，稻種基因的錯配，使食者危害生命。這個比喻，在自然律中稻作生滅的結局，一如人性的善惡行為休咎的因果是同一的道理。老子相信智慧的人類，必有其合理則的自由、自愛、自助、自主、自強，之後必然能自得。這是非常自然的內心和諧，這和諧是思想、行為、語言的一致。

所以，老子的思想，並非某些學者認為的鴕鳥心態，有逃避的作風，也非置閒投散不進取，更不是要領導者以權術去諂民等等。老子的思慮，方方面面都有其積極性。在書裏，我個人認為，老子提出一個基本原則性的學習範本，是上上下下的人人，都能去自由履行的。他說：

人法地，地法天，天法道，道法自然。

老子的原書，竹簡上並無斷句。上面之標點斷句是後人所做，歷代讀者習以為常，沒有疑惑。但我想把這句話的標點符號改一下，可能合乎老子思維行文的邏輯形式。我覺得，應該是這樣：

「人法地，地法天，天法道，道法自，然！」

從字面上，我們把改過標點的文句，翻成白話是：

「人要學習地，地去學習天，天則學習道，道就只有自習，如是而已。」

我之强調「道法自」，是因為老子所闡釋之「道」，是宇宙萬物開始的源頭，再無另一個開端可法。所以，道，學習的對象是它自己。也就是按它自身的法則，自然運作。至於結尾這個「然」字，我們翻譯成「就是這樣」！然，它只是加强語句的助尾詞。

這全句的意思是，指示人要一個一個層次的向上學習，直達頂端「道」的樣子。老子最後這個風趣的「然」字，其語氣，想必還潛藏著未表示出來的一句話，我猜大概是，「去觀摩吧」！

現在我們要問「人法地」，人如何去效法大地？

老子輕描淡寫這三個字，好像是指著一條康莊大路，沒有多話。如果我們要做一些詮釋，就必須三思了。不錯，這要我們自己用頭腦和心靈，來思維，來體驗，去觀摩的。

首先，我們低頭看看腳下踩著的土地，這個地面，它能接受動物的踐踏，土壤又給予植物生長，蟲蚍居住。地表又能承擔海水、湖泊、山河叢嶺的重壓。又允許雨雪霜露⋯等等沁入，液體流汁汙水的滲透，這土地，它皆能無聲的吸吮，接納其等的浸入。還又能無怨的，包容各種不潔之物的棄埋。地，它沒有去分別，沒有抗拒，一概無言而容納、肩負、滋育、擔當著。這一切，都顯示了地的大度、謙卑、包容和給養。

「人法地」，大概就是要我們人類，學習地的這些美德：謙讓、包涵、擔負和給與。地的氣派，真是大度宏量。人能夠被讚美為「有容乃大」的作風，正如是。「人法地」，人才能是一個大人。

人法地之後，老子緊接著說「地法天」，這時已意謂個人基本的德行具備後，再進程要上進登高了。人類學會了地的品德後，進而更上層樓去學天。

「地法天」又學到甚麼呢？

以當時老子的時代，天文學已很發達了，他之所見天體星辰的知識，也極豐富。我們的解釋是這樣：以今天的天體物理常識，已知宇宙仍在膨脹，然而，太陽系中的恆星、行星、衛星，乃至宇宙中億萬星辰，以及各種型態的銀河，和大小不同銀河形成的銀河群、銀河團，運轉都能循規蹈律，秩序井然。這也宛若我們熟見的潮汐來去、日夜的交替、四季的循環，絲毫不爽，都是定時定律的運行。

「地法天」，也就是指人際關係上，進一步的人品道德。人與人，人與族群，乃至人與其他物種的關係，人是要仰天去看去學，宇宙星辰的天象。在人類社會中，我們待人接物時，能完全做到不亢不卑，進退有序，先後有位，秩序井然，均勻，公平，互相尊重，一如天象中星球運行的「禮儀」。能依習太空天象的有條不紊，這也正是天體的倫理，星辰的道德，必然的和諧規律。

以天象為鑑，回到人類世界，能面對龐大繽紛的萬事萬物，人與人，人與物，人與事，人與族群，人與自然界，會並行並進，互不擾害。這就是學到天體所示範的德行。這種表率，在人我之間，就是相互的尊重（平等），相互的禮儀（平行），相互的輔助（平衡）。對自然界，則是適應生態的順化，人類利用物質資源時，則心存珍惜，免遭溢出軌跡的禍害。

「地法天」，是說學習天的氣勢，這正是對一切人、社會、種族、國家、生物、資源、各種事物的一種文化態度。都要均勻相待，則能合作互利。這個地法天的層次，已是從單一的修持之後，對於大我的群體了。單純與複雜必須攜手並進，孕育出秩序。老子意味的是，第一人稱的風格，與第二第三人稱之間沒有衝突，則是天體星辰運行的一種和而貴的面貌，和誠信。緊接著老子又說：

「天法道，道法自。然！」

我們再臆想老子這段文意是：在這個宇宙裏的星辰，它們仍要再向高一層去學習的，所以，天還是要再去學習創生演化萬物的「道」，去師法道的作風。而道的本質特性是無欲無求，是自然的隨機趨動的。那麼，「天法道」，表示我們人類雖然已能有天的氣勢，仍要更加再上一層，去學原始那個「道」的作業。

因此，我們在世間行事待人，概括的說，即是要能無私。再進一步說，也就是對待客體的一切物種一視同仁。人類能與萬物，共存共榮於時空大地，自自然然，順時順境，在真實的人生裏，也無需去征服什麼來裝飾自己，則會無慮無懼，遠離了顛倒幻想，怡然過著簡樸的生活。這必然能成就道德生命，至高的境界了。

我們解讀「人法地，地法天，天法道，道法，自然」，並且洞識到，地的氣派——是大度和包容，天的氣勢——是均衡與秩序，道的氣質——是自然。有了這種審美的範例，人人或能自覺去勵行而有安慰，這是一種用自我教育，來維繫道德的化身。老子這個說法，認為可以是人們心智完備的發展，會成功宏闊而恬然的人生。這恰似一曲動聽的音樂，其主題是，呂律在美妙的變奏旋律中，合韻之情采，娟麗而奇美。人生在此情之中，豈不就是宇宙風華？無涘無涯！

至於「道法自」，又是如何呢？

老子認為「道」是宇宙萬物唯一開端的東西，已無處可學可習。「道」只能按照它自己本然的規律而運作，所以說「道法自」是要自習的。道就是道，是初始最高質能一體的表徵。所以「道」必然時時自習不已，才能夠瀟灑的徘徊於清光下，飄忽的流轉於太虛間。老子說到此處，來上一個「然！」字，這個「然」，表示層次遞進，一切至上的德性，終極以「道」為師法，如是而已。如果我們用口語說這個「然」字，老子他會說：「就是這樣的呀！」讓我們拽句洋文來翻譯這個「然」字，那就是「That's all」。

老子的這段啓示，如果我們讀解後，可以了然為人的德行，有漸進的三種階段；那麼首先，做到謙虛（不傲），包容（原宥），給予（協助）。復次，要能不亢不卑（無揚無抑），有守有分（有節制有原則），於事於物，少欲寡求，取捨進退兩不擾害。最後的階段，是自如自若，身心大自在。

總之，人類的行為、語言、心態，進入「道」的這個境界時，就像一個胚胎在子宮逐漸成長，至終，社會上誕生一個無缺陷的「嬰兒」，一如家庭添丁，帶來歡迎的喜悅。

話說一切人文思想的建立，無論它的體系多麼博大精深，內容多麼繁複曲折，氣氛如何瑰異不同，性質往往相仿。但仍只是由一個或很少幾個觀念，導繹出來的。老子的思想也不能例外。

老子要人去法地、法天、法道，又說道法的對象是道自己。同時又在二十五章裏有句話是：

大曰逝，逝曰遠，遠曰反。

這就可以發現他的思想，背後有個基本觀念，就是往復不「居」而自強不「息」。有種回旋規律的前進，可以是自然的旁注。讓以下的現代知識，做一些比喻吧：

例如我們已知生物分子的結構，到極精緻時，必然定型。同理，如果一件事物發展至極致就會固定。這時，也會是另一形式的新發展，成為另一類的新現象。人類事物莫不如此，甚至生命的存亡也如是。用學術冷峭寒冽的說法看，人之來，其物質生命是由二十九種化學原素，組合進展而有，人之去，其死亡的身體，又會分解為二十九種化學原素，還原歸為塵土。所以宇宙中各類物種，其結構到極致的一個定型，這是自然律的營造，科學界用

「天擇」形容，因此過度「演化」，必然復轉。由自成走向自毀，這也就是「生死」的路線。我們甚至說，生兒育女傳宗接代，就是日新的一個往復的自然律。如果人類自負，以人之私欲而圖叛「道」之玄奧，據老子的觀念，我們人類就會背負極大的風險了。這種叛「道」（違反自然律）的複雜性，不勝其多。僅僅人與人之間的矛盾，就能不歡而散。莫說社群、種族、國家的利益衝突而引發的爭執，乃至爭戰，紛紛擾擾不安不寧。至於人與天地萬物種種生態的不調和，舉目不勝枚舉。故知「大曰逝，逝曰遠，遠曰反」這句話，正是生生死死自然往復的一個邏輯觀念。

老子談到人類的德行時，他並不設限在某一規範的框架裏去誨人遵行，他似乎浪漫得即寬鬆又靈動，只以自然界種種物象，提出他的理則觀點，啓人去思，學，修。老子舉出一個比較明顯而可知的物象為例，他在第八章裏寫的是：

上善若水，水善利萬物而不爭，處眾人之所惡，故幾於道。

水，是種種生物主要的物質供應。老子說水是至高的善類，它有利於萬物是衆所皆知的事。此外，他說水，又能容納污垢而不為意，水往下流，是謙遜而不爭，衆所厭惡的髒臭腐朽物扔給水，水都能接納。因此，老子說它接近道的作風了。

的確，水，給人思學的地方很多。我們悟到：其中最了不起的水德，是「無我」，它包容著一切衆所拋棄的。說句題外的話，儒家認為水往下流，所以孔子說：「君子惡居下流，天下之惡皆歸焉。」雖然只是一句藏汙納垢象徵性的話，可見孔子對一切都是有分別心的，他是人本主義的俗世道德觀，只停在人類利害的範圍裏。而老子的思想，已然是一種宇宙境界了。人人皆知，水，往下流，也接納了衆所不要的，也給養種種生物所需要的，這是全無分別對待的情懷，這正是老子比喻水，幾於道的風範呀！

另外，水，也有健動創發的能力，它可以隨地貌委婉流動，山不轉水轉，行程於可寬可窄而不變其本，它更能因情勢之不同，有不同形象之出現，或澎湃壯觀，或纖細緩流，但水的本質不會變。它依然是兩個氫原子和一個氧原子的結構。

請看大海上的波濤、浪花、浮漚、海嘯，都是水因外在環境使之震盪，產生的現象。又如冰、雪、雲、雨、霜、霧、露和蒸氣，乃至美麗的霞、虹，甚至猛然而降的冰雹，堅硬的冰山，在在都是水順其環境的溫差，自然產生的狀態，或說是我們感官，賦與這些形象的概念和名詞。而水的這些狀況其形象之生生滅滅，在時空中的久暫，也都無需氫二氧一的水自己去把握，完全是情境自然的左右，時機到，仍然能曲折回歸原本的水。水在不同環境裏，隨遇而安並不介意它的變化形象。

再說，水，也有其剛毅的一面。你若擊之，它無痕。刺之，它不傷。斬之，它不斷。焚之，它不燃。這是何等不與爭的雄健韌力呀！看來，人如能剛柔若水，外來的攻擊，就不會憂惱了。

老子喻水之不爭，才能包容，才會謙卑。才能給與，才是無欲。才能無我，才可無私。到此時，自然等同於「道」的玄妙。老子含蓄的用水來指導，我們若肯深思一下，他的話是多麼委婉，多麼溫柔真實呀！語云：「仁者樂山，智者樂水」，這句話可以代表儒家與道家的作風。儒家以山為喻，堅固的要像山一樣執著的去行「仁」。老子以流動的水，並不執著結果，反可能領略自然而能得到智慧。

再看，老子所言「不爭」，仍有其相對性的理論。他認為「爭」，是一種對立的矛盾。在第二章裏他說：

美之為美，斯惡已。善之為善，斯不善已。……故長短相形，高下相傾……

人類往往把一切現象，會用個人的主觀去劃分，所以就會有立場的不同，往往爭端因之而來。於是有較量性的高低、強弱、前後、長短，有種種感性的愛惡、美醜、哀樂、喜怒，有精神心理的榮辱、興廢、貧富、禍福、得失……等等對比的意識。有了好惡，就是態度的釁端，小者氣惱，大則戰爭。人類大患於焉而生。因此他認為，違反自然法則時，就像他在第二十四章裏舉的一個比喻：

企者不立，跨者不行。

這意思是說，你很自然的站立著，不會有傷害。如果自己長得矮，卻強要去比人高，企，這個字，是指踮著腳尖站著，雖然使自己高了一點，這是不能長久而會失去平衡，甚至會跌倒的。人的高矮是自然的基因遺傳，你想踮腳去比人高，是不自然的事，是不可能持久的。跨，是指用最大的步子往前跑，這也是不可能長久持續的。我們看，運動中的徑賽，百米紀錄，也只能十幾秒鐘的跨大步子去跑，若跑千米，人的體能有極限，就不可能仍維持跑百米跨大步子的跑了，更不能用跨大步去跑馬拉松萬米。這都是舉自然與不自然，明顯的結果。類似這種不自然的事，必然會錯敗，因為是違反了自然規律。再說，全世界有所謂的「金氏紀錄」，讀者請注意，那些有紀錄的人士，是否能在他有生之年，仍能天天長久保持他自己的紀錄，不因歲月而退步？這甚至是爭不過自己的事實。「紀錄」有，固然很好，要知這也是雲煙一剎那的事，是個人的小點綴而已，並非對人世間，全人類的什麼了不起的貢獻。老子說：「企者不立，跨者不行」是極為宏觀的提示，它意味著不皈依自然，不會長遠。

老子還在第二十三章提出一例，他說：

飄風不終朝，驟雨不終日。孰為此者，天地。天地尚不能久，而況於人乎？

這些話是老子詮釋事物的現象。自然的，就不要去違反它，剝奪它，破壞它，一切現象都會有其時限，不會恒久。自然的規律，都有其成毀生滅程序。颶風暴雨本是自然氣象的氣溫、氣壓、氣流和濕度的水份，突被空氣收縮及朝同一方向流動的因果現象。同時也可以看著是，空氣分子的集體運動的狀態，它們的能量運動一斷，風也就停止了。暴風雨雖嚇人，來得快，去得也快，這是大自然的事實。再說，我們如今已知宇宙中的恒星，到某一時都會坍縮，成為一個黑洞（天文物理學的 **Black hole** 理論）。換言之，星辰都不會長久不毀，甚至太陽這個所謂的恒星，也有生命的期限（照說也不能稱為「恒」星了），更別說百年生命的人類。老子警惕人的話，很多都用自然界的現象作比喻的。飄風驟雨的現象，可以有多方面的思維去比擬它，像政治性的强權，經濟性的强力，在自然規律上，倘若情理不合時，很快就成為歷史的劣跡。

老子的話，有時也會用些生活的體驗來比喻，他的意思是，人生在世，時日極暫，人，不要任性，去與人爭，與人比任何的事物。任性去爭，就是逞自己有力量，很自信，又自負，極自大。因此可以引申為：會逞勢、逞權、逞財、逞能、逞勇，甚至逞氣惱者，比比皆是。而爭的結果，不會真能有贏家勝者，往往會輸掉全部籌碼，而兩敗俱傷。

走筆至此，想到如今，無論個人或國際間，往往不願安份，不能平情息事，沒有怨家敵人時，心理還要想像一個假想敵人來惹煩惹惱，弄得雞犬不寧，人仰馬翻，終了，爭執的結果，不得不打仗了。僅僅二十世紀百年裏，紛挐事故，不勝枚舉。這又讓我想起上古先人，似乎很理解這個兩敗俱傷的道理。史冊中的《左傳》就記載著，上古三代無論何種因素的戰爭，即使是聖戰、義戰、保衛防禦戰，軍隊勝利榮歸時，國人以及上下官員，都要穿著素服，以奔喪之禮去城郊，迎接凱歸的軍隊。（官員穿著素服，表示為戰死的將士們帶孝，隆重的喪禮是一種沉思，反省戰爭是否應該。）雖然戰爭勝利了，人員也是有死傷，財物也會有耗損，敗者則更加上恥辱。是故，上古的人文素養，是真懂得爭鬥之無益。可是到戰國後世，人的學品素質，貪婪敗壞，精緻的文化內涵，散亂無序，嗜血的軍人，以爭戰為能事，以鬥狠為能力，平民勇者為了爵祿去當軍人，打仗戰勝不但慶功設宴，狂樂豪飲，還能封土封爵。難怪周威烈王（公元前四百年）到秦嬴政秦始皇（公元前兩百二十年）之間，諸侯國連年不斷的爭戰兩百多年，史稱戰國時代，可真是名副其實的「戰國」時代了。所以生在那個理性蒼白時代的老子，感慨萬千，他不得不說出他的哲思：

天之道，不爭而善勝。（七十三章）

以其不爭，故天下莫能與之爭。（六十六章）

老子認為不爭才是生存的真理。人類的妄念奇求，都來自不滿足。爭，無非是與人、與事、與物、與天地（宇宙）去比力而已，完全是一種要征服對方的心態。只有不爭，才是真正有利於己的存在。

就說人在當代社會中的權勢和財富吧，倘若要與人爭、比，往往把自己整個人生，陷入紛擾的漩渦中。縱然獲得天大之名聲，山積之貨利，你必定要勞身困體去追求，甚至弄得敗失犯錯時，還要以身相殉。所以老子才又說：

名與身孰親？身與貨孰多？（四十四章）

他慨歎人的無知，不知足。就發一浩嘆，問你一聲，要你想一想，有什麼比生命更貴重？他又用「鷦鷯巢林，不過一枝，偃鼠飲河，不過滿腹。」來說明人的活命，基本需要也是有限的。因此他堅定的又說：

少則得，多則惑。（二十二章）

突然間，我想到一個小故事，甚合老子這少得，多惑的道理。無妨寫出，請讀者品味。據說是清末民初，在東北的一個小縣份裏，有一對老夫婦，以磨豆子賣豆腐為生，日子過得平平順順。賣完豆腐回家，吃晚飯時，二老很有情趣，相對飲壺水酒，微醺飯飽後，二人必定對唱歌謠小曲，年年月月未曾間斷。鄰里街坊的鄉親，天天能聽到他們的歌聲，咸以羨慕的眼光看待，這種日子雖不富裕，但很平安快樂。一天大早，出門去賣豆腐時，在門口的街上，有一個大包袱，兩人看看四周無人，就抱了進屋，打開一看，不得了啦，銀元、金飾、真珠、寶石、翡翠……，一大堆財物。這兩人看傻了眼，接著大喜過望，樂得像手舞足蹈的顫抖不停，以為真是天降橫財。那知，經過幾天的興奮，同時又緊張和驚嚇，再加上一連串的愁、慮、急、亂，所帶來的苦惱、煩惱、氣惱，最後很懊惱。終於把原物送到警局，兩人反而心安了。

原來在那幾天裏，他們有了太多的財物，不敢換錢來用，怕別人懷疑他們是偷來的。可是有了這些寶物，又怕別人來偷走。兩人日夜商量，不知如何處理收藏。公說這樣好，婆說那樣對，沒有一致的辦法，結果兩人天天吵架。晚上也無心喝酒，更無興唱歌，覺也睡不好，力氣也沒有，豆子不磨，豆腐也不能去賣了。四鄰覺得奇怪，怎麼很多天聽不到歌聲，也見不到人影，大家怕老人家出什麼事，時時有人敲門來問候，他們倆支支吾吾，心神恍惚，不能應對。一點人聲動靜，兩個老人又疑心，又害怕。如此這般折騰了好幾天，一個老人生病了，他們的精神心理負擔不了啦，原本健康的身體，此時疲憊下來。他們終於了解，雖然金錢是好東西，多了處理太費神，眼前擁有太多，若不能享用它，亦屬枉然。所以決定交出，心理才得到輕鬆，恢復了原來的平順生活。

這真實的故事，聽起來好像有些諷刺，但也說明人必須度德量力。福禍有其相依伏的作用，《老子》書中，明白的告訴人說：

禍兮福之所倚，福兮禍之所伏。（五十八章）

禍莫大於不知足，咎莫大於欲得。（四十六章）

社會上有些人和事，確實是福禍相依伏。例如窮人只要肯勤奮努力，白手起家為富豪者有之，此為進取之「福」者。富家子弟，不事生產，吃喝玩樂者有之，此為敗家之「禍」者。這些現象不在少數，難怪老子在第九章裏表示：「金玉滿堂，莫之能守。」即不能永遠保有，還不如沒有而簡單省事。以現代人看這種想法，是不太以為然的。不是嗎？可是金錢太多了，處理它也煞費苦心呢！

懂得禍福因果相互依伏之三昧，讓我又想起一個「塞翁失馬」的故事。我認為這位住在沙漠邊疆的老頭兒，是很瞭解道家思想的。故事是這樣：

早年，在邊疆生活的居民，馬是多樣用途的活財產。一個老年居民，一天，他唯一的一匹貴重的馬走失了。他的朋友怕他傷心難過，都來安慰他，他卻沒事似的只說：「焉知非福」，不幾天，他的馬回來了，同時還帶了另一匹馬來。朋友知道又都來恭喜道賀，說天賜福給他，讓他多了一匹馬，那知老頭兒卻說：「焉知非禍」。因為家裏多了一匹無來由的馬，他的兒子就要了去牧羊群，當他高高興興的跨上馬背，此馬竟然知道駕馭牠的騎士，並非原來的主人，因此飛奔狂跑，把他猛戾的摔下，拖拖拉拉弄得遍體鱗傷，還截去一條腿成了殘廢。親朋們又關心的來問候，老頭兒若無其事的謝謝大家說：「焉知非福」。來問候的人很奇怪老人對休咎的感受和常人不同的顛倒。大家無趣，也就不再理會了。這時期，國家正積極徵兵打仗，邊區壯丁也被徵召，所有男人在戰爭中，苦頭吃盡，無一免於死亡。而老頭的兒子，卻因是殘廢得免兵役沒有去打仗，保了一條命。這是唐朝安祿山政變時，所傳說的一段有趣的故事。

「塞翁失馬」的典故，說明這位居於沙漠邊區的老者，深知《老子》書中的那句「常無，觀其妙，常有，觀其徼」。他已然知道事物因果的自然律則，人為是無益的，他之順其自然，正是欲得之咎，和知足無累的舉證。

世間不是應得的事物，不僅不能引起快樂幸福的後果，反之，卻因其心理負荷的紛沓多，而壓扭了勝任的能量。這也說明世間事物繁多，使人眩惑無主，莫之所從時，會造成原本的平靜化為烏有，這時心情會與欲念，在取捨的漩渦中滾動搏鬥，只有千思萬慮的智慧始可解脫它，歸復安寧。

我們看過許多大生意人，商格不高，不按牌理出牌，汲汲遑遑結果是患得患失。大官僚和政客那種得祿和失位，前前後後不一的心情姿態，都相當可憫亦復可悲。怎能不相信老子說的：

少則得，多則惑。（第二十二章）

知足之足，常足矣。（第四十六章）

人類有欲望，照說也是自然的本性。事實上，人類的欲望也是構成文化文明的原動力。可是欲望的定義之於人，是有一種好、壞對立性的。不過，無論好欲望或不好的欲望，都不太能滿足人類。莎士比亞就說過：「人們達成一個欲望，馬上又有另一個欲望，人們永遠有不能滿足的欲望。」更早時期，和老子差不多時代的蘇格拉底，在希臘雅典的神殿，對一群青年人說：「欲望，就像抓癢，越抓越癢，一直抓到皮破血流還是癢，還要抓，人，永遠有癢不止的欲望。」老子並非不知人是有欲望的，他只求給欲望一個合理的解決，所以他說：「少得多惑」。同時在第十九章裏他還說：「見素抱樸，少私寡欲。」

老子表示，基本的欲望是有所得的需要，比如饑渴要吃喝，這是基本的欲望，如果吃喝得貪婪過量，吃喝得紛駁雜沓，就讓腸胃的負擔承受不了，生理牽連心理，人就不能平安。以小見大，自然無華，情歸純樸，心敏理達。懂得知足，才是真正的得到和享有。老子也知道人在生活上，基本的需求以外，不太可能毫無其他欲望的，他只是主張單純素樸。意思是：去複雜華麗，去私心貪婪，生活歸於簡樸實際，就會少些紛擾紊亂，方能令人身寧康泰。這確實是一種生活的意境，人能夠做得到的。

讓我們再換個說法，來表示他這種意境：人類生活，對一切事物，各自能夠滿意，就很好了，滿足是不太可能的。讓它有一點點不足，不正是所謂的缺憾美嗎？這是一種審美論，可不是阿Q精神，而是有餘若不盡。一種嚮往的美，韻味無窮的美。當你神思物遊，於精神上之樂趣，使其味飄飄然，未嘗不也是一件逸悅。情形就像買一張力所能及的彩票，在開獎前的過程中，有其想像的樂趣，至終不一定能中獎，也不會失去太多。用這件事的審美現象，基本上都可以歸入素樸之美的範疇。觀點是，以素樸人性與諸物本性自然契合，才能本質的把握事物。老子審美處處離不開「道」的自然和素樸。我們看他「法天貴真」的主張，說：「淡然無極衆美從之」，又說「素樸而天下莫能與之爭美」。即使在文學審美範疇來看，「大風捲水，林木為摧」是陽剛狀，「采采流水，蓬蓬遠春」是陰柔狀，皆為自然素樸一例。可見詞翰藻飾並不近「道」。

老子很多章句，也讓我們認識人類一切事物的相對性，彼此之間相成相反而並存，而不會是絕對、極端的一定性。我們甚至能用現代的常識，看我們身體的組織，也可以比喻多則惑的道理。

試看，人，有男有女兩性，這是生育上有分別的不同。然則以生命的生理化學成份來說，男人體內含有女性荷爾蒙，女人體內也含有男性荷爾蒙。如果男人體內，女性荷爾蒙過多，則生理之「惑」，於心理及行為上，出現「娘娘腔」，給人的印象顯然是不太正常。反之，女人體內的男性荷爾蒙過多，行為和心理就表現得粗壯，也是一種反常的化學作用使然。我們看到男女這些反常態時，當知是生理化學中的一種「多則惑」了。

再說一個例子，我們血液內所含的膽固醇（cholesterol），醫學發現有好的壞的兩種。如果這化學成份起了物理作用，使血脂肪影響人的健康時，那麼就是壞的膽固醇過多了。所以醫生會警告你要注意飲食，少吃葷腥。語云「病從口入」，這裏也就能看出口腹之欲的「福」，含有病變的「禍」。福禍相依伏，也是少得多惑的原理原則。生活中僅僅飲食一項，就已印證老子斯言，誠屬不欺。人生處處，凡認知其規勸人的這句短短的諍言，實在是非凡的。

老子以章句注釋章句，以章句比喻解析，以章句啓示聯想，處處可以引人思索。他在第十二章裏，讓人可以在不同時代的吃喝、玩樂去聯想，他說：

五色令人目盲，五音令人耳聾，五味令人口爽，馳騁畋獵，令人心發狂。

這是說官能等等極强的追求，容易痲木，過度刺激全都無益。今日許多休閒活動的飲宴遊樂，就顯然越來越繁複追趕。雜織的顏色，使視覺眼花瞭亂，不能清晰色調的韻味。音樂快速度的節奏，無法體味音色及旋律之美。吃食多種滋味，破壞了味蕾的功用，多食又會敗胃或膩味。各類冒險的瘋狂比賽，難保不出危險，觀者也跟著緊張，神思慌亂，心臟疾悸。在在說明量多，會壓毀人的承受力，因此得不償失，反而化為烏有。這正是因其繁雜，使人眩惑無主，莫之所從。是故，老子表示他自己是這樣：

眾人熙熙，如享太牢，如春登台，我獨泊兮其未兆，如嬰兒之未孩。（第二十章）

用當今的口語來說，就是：大家忙忙碌碌，追慕物質生活，為了享受像接待國賓元首禮儀一樣的國宴，大吃大喝。（太牢是指有牛、羊、豬三牲，是先秦古代最豐盛的酒宴。）為了遊戲玩耍，觀光旅行，天天忙得馬不停蹄，一大堆人，爭先恐後，緊緊張張，疲累不堪，而不見得盡興有趣。而我（老子）呢，視而不見，不與人合流，像個初初誕生的嬰兒，還沒有對物相有喜樂之心，也還沒有發出初次「孩孩」的笑聲來。（孩，指笑的聲音。）

我們猜，老子的意思是：很多人為了物欲，忙得辛苦，實在不是享受，身心都要背著大量的負荷。人如果完全沒有重擔時，就會像在引力極小的月球上漫步，輕快無比。一言以蔽之，他表示，凡是習得一種像初生嬰兒那樣的情狀，樸拙得對事物無視無涉，儘管面對實際的現象界，內心不會有妄念奇求，也完全沒有分別之心，相待一切的對立事件擾攘時，能回歸本真，把生命慷慨的投向精神的追求。這才是老子所期許的。

含德之厚，比於赤子。（第五十五章）

一個成人如果像個嬰兒赤子，這情況似乎是不太可能。但我認為老子的意思，可能是比喻一種境界。一般講法，人類的境界，大致可分為四種：一是本能境界（純生理的食色。）。二是功利境界（為己為家的利益）。三是道德境界（為社會、為人類公義）。第四種境界極為崇高，這是屬於宇宙的境界（所謂萬物在抱，天人合一）。老子說的「嬰兒」，即屬於宇宙境界。這是要人去自覺、自思、自悟、自行修養才能的。若修持到像嬰兒一樣，對一切人事，無所用心計，無所去分別，一無濡染的純真，這個人，也就是莊子說的「真人」，真人是人的本色。說到這裏，順便插句話，近代的存在主義哲學，談到人的本質和存在，這兩個學術性的語詞時，其概念是說，「本質」是指人本來的樣子，另外，人也有世俗的樣子，這就和本來不一樣了。這不一樣的世俗人，就是其哲學中一種虛假的「存在」狀態。據其理論解釋：當人的存在不符合其本質時，人會焦慮不安。人在自然情況時，或說是單獨一人的活動時，他的本質（本來的樣子）和存在是和諧的，這樣的人，心靈是自由而喜悅的，存在主義認為這時，人才能夠大逍遙大自在，是一個自在之本來人的生活。人生的目的，應該使存在與本質之間的差異消失，合而為一，退回到真人的本來面貌。存在主義有極少部分，滑過老子觀念邊緣的想法了。而老子是引人能「師法道」充分勇敢的「新生」，人轉折到一種嬰兒狀態的「新生」。那時候，人就是宇宙境界了。

宇宙境界的人生，是不同於一般人的情思生活，是一種個人修養的喜悅世界，就好比一個摸索在洞穴裏的人，走出黑暗的生活，眼睛一亮，看到一切，那份驚喜的心情。這份心情，就是道家終極理想的自然目標。儒家的等差觀念，所期許的「仁人君子」，僅僅停在人本的道德境界上。而墨子的基本作為，實屬唯物的功利境界。至於在本能境界中生活的人，就是不足為訓的人渣，和禽獸的生態等同了。人與獸之差別，人與賢人聖者之所以不同，完全是生活在不同的境界上。你說是不是呢？

這又讓我想到後起的中國佛學，佛學的經論中表示過，人人皆有佛性。漢傳佛教，有一派禪宗，認為「無二之性，即是佛性。」所謂「二性」，大概就是不要二元化的對立，去掉分別比較之心，無人我之別，這樣就可能成為佛。而佛看待十丈紅塵裏的人生，是在風風雨雨裏翻翻滾滾，神魂顛倒，痛苦無邊。佛則可以做到「物來則應，過去不留。」修持到對一切事物的好壞，是非，美醜，真假，無動於心。看來這可不是一般人的生活方式，難道是受了道家，學養成嬰兒的啓示嗎？因為佛教的禪宗，有教外別傳之說，畢竟佛教傳至中國，已是東漢時代，中國的禪宗，到了唐朝盛行時，已經是涵泳了儒家、道家，以及諸子的芬華，是由多元化的「資糧」，所醞釀成的一種宗教學派了。世間有很多的宗教和不同的教派，常把德行的修養弄得非常複雜。由教義到宣導，由儀式到戒律，由禁忌到神秘，甚至走向異端，由手段到欺騙，由恐嚇到虛妄，反而把一些信衆唯唯諾諾，弄得神魂不寧。這都是感性的迷思，難怪理性不會跨進宗教的門檻。

老子的思想沒有機制的設限，更無神怪信仰來束縛。中國的道教形成東漢末年，與戰國時代的老子學派，其實是風馬牛不相及的。至多只能說道教拿了老子講的清靜、抱一，做為其宗教活動成仙的修養外，並沒有絕對的共通點。道教信奉的各種神仙，是古代方術、巫術的延伸，有迷信的神學譜系。信徒奉閱的是《太平經》，內容龐雜，可說沒有老子的思想。《老子》書，是哲學的一種學派，是崇尚自然的學術。看一切都會是往復的蠕進，所以老子又表示，要學習沒有濡染過習俗的嬰兒，這也是「還原」本質的理論，成人還原為赤子。我們成人可能嗎？做得到嗎？老子好像很有自信，他有一句話，是指心理學的意識作用，可以參考：

寵辱若驚，貴大患若身……吾所以有大患者，為吾有身，及吾無身，吾有何患？（第十三章）

這是說，人若被寵愛，誇獎幾句，或被侮辱罵幾聲，都會有喜怒的情緒反應，情感會過份敏感，這對生理的化學和物理作用，都會有或多或少的激動影響。諸如血壓的升降，呼吸的急促，腎上腺的增加，心臟快速的收放等等。

老子的意思是，我們無法像嬰兒對事無動於衷，所以對寵辱會有種種的情緒，如憂愁、煩惱、焦慮、忿恨、怨懟、氣極敗壞，以及喜樂若狂，得意忘形，等等心情的起伏，這些情況皆因「為吾有身」。所謂「有身」，我的理解是：心理作用。人之所以有很多壞的情緒出現，都是感知、感覺、感應，不合自己的情意而生的心理作用，反之亦然。老子認為得意失意，被人誇獎、辱罵，都是一樣的受「驚」嚇。如果沒有意識上的認知和辨別作用（及吾無身），心情是平穩的。那兒又會有什麼受寵若驚，受辱若驚，種種的情緒起伏呢（吾有何患）？

老子這個說法，可真是大澈大悟。他是告訴人，對外在的狀況，所引起的喜怒哀樂，要淡然處之，不需留在記憶裏，就好像大雁飛過天空，大雁飛過去，天空一無印記，仍然一片大好晴空。人之所以勞神困體，招來很多紛擾苦難，都是在「為吾有身」，都是心理起起伏伏不平衡的情況下，一一發生的。若能冷靜把握，任之自然過去，使擾心的事件亂度，無法傷及你認知事件的智慧時，何患寵、辱？心理不起作用，褒與貶就不會影響你。嬰兒正如此，所以令人羨慕了。

再說，我們身體的細胞，時時生生滅滅，而你體內製造細胞的機制，並不影響你，這種生滅自然的運作，是可以用來比喻，心理無感的一種處事的「智慧」。

老子十三章這段話的原意，我們還可以這樣解釋：人的內心世界，心靈的作用是最大的關鍵，這個形成思想情感的心靈不安，是因心理的不平衡。是老子說的「身」的作用，「身」（心靈），對平靜的外界，感覺原本是沉默的，一旦闖進一個陌生客，使內界心靈受到喜樂或驚嚇，就會喚出一大堆問題，一舉一動，一言一語，皆能引起情緒好壞的反應。因此他提出一句話是：

敦兮其若樸，混兮其若濁。（第十五章）

用現代的話說，人能夠明辨事物的是非，但也能不用分別心去對待，心知肚明，不與計較，心理狀態平靜，這便是淳樸（能知其是非而不理會其對錯）。讓它像似糊糊塗塗渾渾噩噩，這便是混濁。老子怕說得不夠明白，又在第四十五章裏，做了一種思想行為的闡釋。他說：

大成若缺，大盈若沖，大巧若拙，大辯若訥。

這全是形容一種不糊塗的「糊塗」，我們可以借用科學上一個混沌理論（Theory of Chaos），其中是自然法則的秩序，能簡單的解決複雜性的混亂。俗話說的大智若愚，可比喻那種「糊塗」，它是簡單而自然的法則。鄭板橋就深知其中三昧，可是他又說過「難得糊塗」。這是說，聰明人要讓自己糊塗也是很難的，有些事物偶爾糊塗過去，未嘗不可。若是能夠不糊塗的「糊塗」，也就是接納是非，使之自然的過去，那自然就無患無累其身了。記得還有句諺語：「船到橋頭自然直」，意思是說，是也罷，非也罷，聽其自然，也就過去了。老子四十五章這個註釋，我們認為若是個人是非，可以任之自然，若屬大我的是非善惡，就不能不有立場和原則了。

老子認為人類無患無累，就要去學習嬰兒那種元氣未失的情態。如此一來，是凡到了赤子一般無染無別的境界，其德之厚，就像回到原點的「道」。這也就是他將人生哲學，其基礎建立在形而上「道」的真理上。如果人生修養能與「道」融合一起，則是道家認為的生存真理。驗證到真理的那一刻，才是澹然獨與神明居的真自由。保持這種情境的生活，當是宇宙境界的人生。

話又得說回來，初生的嬰兒，只是無知無識，只要不餓不病，是無思無慮而天然的無累。然而當一個嬰孩生長到了成人，有各種階段存在的感知感受，若從有識有感再回到嬰兒情狀的無識無知，恐怕很不容易做到。事實上，人的心情會因境遇而有好壞，當然，這也可以因人的自由意志去修正，去左右心態，那就會是一種壓抑。近代哲學心理學說人的「自我」是可上可下經常在拔河，所以這個上下表現的行履，是要有方式去指引的。

先哲老子，他早在二十二章輕輕的提到「四不」的做法，他不諱言這「四不」是從古人那兒模擬而來的。老子把古語轉成的「四不」是；不自見、不自是、不自伐、不自矜。這相當孔子的「四毋」，毋意、毋固、毋必、毋我。雖然他們用的詞彙不一，但字義卻是相近。老子還說：「古人豈虛言哉！曲則全者，誠全而歸之。」

所以首先要能四不，之後可以曲則全。

關於「曲則全」我們找到過去的兩個小故事，能夠啓迪我們學習委婉的去解決許多麻煩的事，而不會傷害人，並能圓滿完成期望的結果。同時，還間接的給人以教育。故事其一是：

歷史上，漢代的嚴刑峻法是極其殘酷的。漢武帝奶媽的兒子，有一天犯了一個錯，按法禁要被斬首。奶媽急得一而再，再而三的去向武帝求情，期盼准予免刑，武帝未允。奶媽走頭無路，急得像熱鍋上的螞蟻。有人告之去試試找東方朔想想辦法，這位官員在武帝身邊，經常用詼諧之語，寓諷諫之意，能使武帝改變很多不適當的政事。東方朔的官職是侍中，相當今日首長的機要秘書。奶媽來求皇帝的機要秘書東方朔幫忙，東方朔問清楚她兒子犯的錯，覺得不是什麼大逆不道，思索一會兒就告訴奶媽，儘管再去向漢武帝求情，但要如何如何。於是奶媽又去求武帝，武帝依然不答應。奶媽哭哭啼啼，走一步一回頭，走一步一回頭，走一步一回頭，這時隨侍武帝身邊的東方朔說話了，他說：奶媽你回頭看甚麼？你看誰？看看看的，看皇帝嗎？皇帝現在又不吃你的奶啦，已經用不著你這個老太婆子啦，你快走吧，幹嘛老是回頭瞅呀瞅的，你那裏那麼多的感情，左回頭右回頭的，去你吧，誰在乎你的恩情，別做夢啦。武帝聽了這些話，大受倫常之刺激，招奶媽回來安慰一下，改判她的兒子坐牢一年，免了殺頭之刑罰。

另一個故事，是說一對不孝的兒子婦媳，苛待其有病的老父，讓他住在柴房裏，用一個破碗裝少少的飯，一點點素菜，拿到柴房給他吃，自己住在磚屋正房裏，和妻子兒子吃的有魚有肉。但是他自己的兒子，老人的孫子很看不過去，覺得父親太苛待年老的祖父，但又不敢指責什麼，心裏很難過。一天，其父拿飯給祖父時，祖父手發抖，飯碗失手落地，碗破碎了，飯菜灑在滿地上，父親頓足正要大發脾氣時，這個孫兒，急忙搶在父親之前，就大跳大叫說：「爺爺呀，你怎麼把這破飯碗打碎了，你真可惡，以後我爹老了病了，我是要用這個破碗，盛賸飯給我爹吃的呀！」這時，他的爹聽了這一番話，像似霹靂一聲轟雷，一棒打醒，從此就善待年老體衰的老父了。「曲則全」，可以說是舉重若輕，像是一兩撥千斤的本事。

《易經》裏有句「曲成萬物而不遺」，當時的人就用這一句教訓，俗成為諺語「曲則全」。不知何人何時把此諺語轉變為「委曲求全」，變成這一句成語時，就有一種壓抑性了。這是誤解了「曲則全」的本義。老子把早先的諺語「曲則全」引在二十二章裏說：

> 曲則全，枉則直……，古之所謂曲則全者，豈虛言哉，誠全而歸之。

曲則全，是以柔軟的做事方法，不傷害人而能使事情達到圓滿成功。所以老子還又在七十六章裏做了個「曲」的比喻，他說：

> 人之生也柔弱，其死也堅強。萬物草木之生也柔脆，其死也枯槁。

這類現象，我們都能理解。人死就僵硬了，草木死也枯萎了，就人與人處事的關係來說，不要弄僵，就得柔和點，這是活的，有生命的作法。所以老子要人能在「致虛極，守靜篤」中，知常。知常，就是生態的現象，也就是在宇宙自然界中，觀察其自然律。這又回到第一章說的「觀其妙，觀其徼」。這些自然現象，確實是可以在獨自虛靜中明瞭。人生在世，和各類物種的生態，都逃不出宇宙之自然規律。因此，老子又在第十六章很嚴肅的說：

知常，曰明。不知常，妄作，凶。

這句話多麼有力量、有智慧。這個「知常」就是要懂自然之意，自然是「道」的軌跡，「道」也就是自然的真諦。人要妄作而違反它，則不吉而有凶險。

老子不但是智者，也是預言家。他看到人類的自負與傲慢，因為人類若不知常，往往要想征服一切。而事實上，宇宙物種都是基於自然互惠的交換原則中，這也正是宇宙萬物的共生關係，或說是一個生態的大串聯的系統。為了避免凶險，我們有一顆大腦的人類，應該知道死亡是生物一個殘酷的現實，為了保護下代，也正源於長生長存，行為的動向深處，一目了然的「道」，可招手而至。人類忠誠的在道德自然律的規紀上生活，則可以不慮邪惡的力量，人類的生存狀況也會全面改觀。

老子又在第七十章裏喟然太息，他說：

吾言甚易知，甚易行。……知我者希，則我者貴。

老子慨歎懂他理論的人少，照做的更加少，若做到，其價值就很高貴，他認為他的話是，不難懂，不難做到的。

他甚至把儒家之言的道德修習，都看成不夠澈底。他說的「四不」和孔子的「四毋」即使能做到，在「道」而言，只不過是「餘食贅行」，就好像乞討，吃的只是盛宴賸下的殘肴碎渣。老子認為人類德行的最高境界，是要復返回歸於「道」的風儀，也就是人初生時的本色，無爭、寡欲、自然。人與道合一時，可以解釋為體用一致，也就是真誠的，與人、與事、與物，無爭無鬥，能使世間一切涇渭消弭。

要說老子這個思維，既簡單又複雜。道體是簡單，創化出的客體就非常複雜了。所以老子發現這個「道」的微妙處，是可以與人文學相串連的，學術點說，老子的形上學與形下學是統一而又混合的。這是他思想的價值與意義。「道」是他預言的真理。

一般真理應該是有普遍性的。有真理的思想語言，皆具有啓發性。科學理性的真理，經常因深入探索會不確定，而時時被新的理論實證而推開。人生哲學的真理，似乎帶有感性的闡述，全由啓發，自悟而得。兩者殊途，其實是同歸於實存內容的認知呀！

《老子》書中的知識和意義，價值和審美，所談的多為認識現象，他指點我們，去瞭解由「道」而創進的宇宙萬物，如：太空中，星辰秩序的運行，大地上，山嶽林木的生滅變遷，以及流水的自然自適，人世間，嬰兒的無邪，靜寂中的內心世界……等等，都是「道」於其中的呈示。在認識現象的底蘊時，我們要謹小慎微的思悟學行。不過老子也提出，履行是要漸進的比喻，在第六十四章裏，他說：

合抱之木，生於毫末。九層之臺，起於壘土。千里之行，始於足下。

我們也只能一步步，慢慢的自覺自修。老子他沒有方法論，全讓人自由取證，這是有點美中不足之失。要知老子的思想觀念，有著恢宏不設限的思路。不像有些思想學說，有法典式的教條、戒律、禁忌等等制約。老子的德行思想，是自由靈動的，柔軟浪漫的，他只是美學性而超逸的啓發。顯然，他把人類這個特殊物種，自性生態的特質，指點出來了。他不會設定框架，說三道四規約人去追隨某某理論的實踐，這種方式已妨礙了自然，脫離了道。

因為人類不可能情思行為一模一樣，所以老子主張撤除外力的規範，自然無方才能出現道性的本質。如何能與「道」合而為一的生命表現，人人也不盡相同。所以道家講究在自然的生態中，人該去自覺、自悟、自習，心靈的平衡與平順，這是自救而不求他力的。因此，生命的升揚或沉墜，流轉不全一樣。老子覺得固定一切是違反人性，他認為，守道度德，人是可以從過去習染的困境跳出來，自我再創化自己，重新為一個合道有德的人，這時境遇就能不斷的繁采清華。反過來說，人之能與道合一，正是回歸本根。這是從宇宙萬物的生態現象，得到的自然啓發，領悟到生命的使命與酬報，於是掀開心中的一片昏昧，復歸到生命充分創生的原點。這時，人類會拋棄鬼神的謬說，衝出世俗的藩籬，超越威權的制式，抖落一切人事苦難。因為與「道」同在的人，不會以文犯禁，也不以行亂法，無論何種道德倫理的規範，何類政治經濟的制度，相對之下，也都不會看重了。人「道」合一時，生命表現的德行，就像似一種美妙的舞步，動作的藝術，自由韻律而節奏圓融，展現眼前的是一片欣欣喜悅。

我們人類的得天獨厚，是有一顆由神經元（neuron）所組成的大腦，這顆一千四百公克的大腦，「花樣精」實在很多，老子他始終認為「少則得，多則惑」，所以知識豐富，也會製造複雜的迷惑，紛擾人生，這一觀點，也正是老子儉約與不爭的精神風貌吧。

以美學的思維，來看老子的人生思考，我想用一個形象來形容，那就像在沙漠中，看到一棵被風暴吹拉的大枯樹，它在光影下浮現一種奇美的感覺，這美是自然的創意，是由自然的一亂一序，疏落有致的自然安排。由此景象所發之美感經驗，可以聯想到，一切令人欣喜的生活方式，是無法特定而是自我的自然感受。

我們從老子那裏又知道，自然，其實也有一種特殊的「制約律」，萬物和聰明的人類，要掙脫它，必然受到災變性的懲罰。聰明的人類，不可把賴以生存的地球造成破敗，乃至人與人，以及一切與人和事物有所牽連的，都要契然的融洽，方能保有全部生存的時空。

關於老子這首五千言的「樂曲、浩歌」，我只取其一兩個樂段，一再饒舌的夾述夾議，低吟淺唱，是否能合其聲，合其韻，我不敢肯定。因此我想，老子的「德」論，我們就討論到此，應該夠了。

讓我們借用劉彥和在《文心雕龍》裏的一句話：「隨物婉轉，與心徘徊」，做為老子德論品味的一個小小的註腳。因為它象徵老子真摯的哲思，忠誠的期許。

以下有段簡陋的結語，算是我個人理解老子《道德經》印象式的評價，也是我戚戚然感性的一種「信仰」。此外，我也略略一說老子所論的虛靜作用，請讀者清賞。

說虛靜評書文

諸子百家的學說，實際都可以說是脫胎於上古文化神天思想之後，分門叢出的。老子的書也並不完全例外，但他與諸子百家不同處是，他的學說裏，沒有神而有天（宇宙）。他所假想的「道」，造化了宇宙萬物，是指一切初始的實體。這一觀點，是對物質與生命之源的肯定。可說是對擬人化的神無心的啓示，也具有對現代天體物理、生物化學等等的探討。是先秦時代，非凡的創論。

雖然我們知道，物質和生命本質的理論是一回事，檢驗其真實性，則又是另一回事。然則，老子五千言的這本書，其內容是非常豐富的。我們本可以再多用些文字，來討論五千言中其他方面的論題，只因時移事異，我個人認為除了他用直覺預言的「道」論，和取法自然界現象的「德」論，悠悠千載以來，仍有著強大的魅力外，書中其他有些內容，已不太適合今天的時代了。同時全書的章節，在編排的次序上，有些跳動和錯置，似乎經過打散，以至其筆勢，時有撲朔迷離之處，我們只有能解讀處且解讀，無需皺眉胡亂謅。因此，我漏述之處，在所難免。

老子撰文的旨趣，立言的要點，我已扼要的以個人的理會，漫談了許多許多。那也只像蜻蜓點水，不定在水上，一滑飛過而已。不過，我不會鄙視那些已不適合時代的，可是若照單全收，那也無疑天真無知了。究竟如今知識爆炸，學術也不停的在演變。可是我們僅僅就「道」之一隅，去蠡測其所涵蘊的人生意義，我們亦能得益非淺。

記得清朝紀曉嵐，讀《老子》書後的文評只是一句：「綜羅百代，廣博精微。」這是讚美老子讀書非常淵博，思想中包含了儒、墨、陰陽、兵、法乃至易大傳，諸多早古學說的精華在內。紀曉嵐可能是借用了西漢司馬談《論六家要旨》裏的話，才有綜羅百代之評語。事實上，陰陽、兵、法，都是老子以後的學術。

有了前人隨興的評語，我也來表示一些形容的話，因此我這樣說吧：

「老子五千言的內容，像是一塊有內在紋理、情思綜錯交羅的織錦緞，其形式又似一顆原始風貌的石礦，切割過剛健的鑽石，極其醒目。」

我這兩句概括的話，只是用形象做比喻的審美。因為老子五千言，處處有人文關懷，有味外味的神韻。我們尊道貴德，我卻以俗世之眼來比擬其華縟高貴，這自然也是不得已的事。不過，我還是想再多說一些話在下面，表示讚佩而不能說是文評。

老子把「道」，描述為創生宇宙萬物的根源實體。當然，要證明他這個理論的正確，目前還沒有「工具」來驗證。也無法用物理數學來演算，更不能用化學生物來測試。所以，它只是一種玄奧的形而上的學說，也可以說那是老子先驗的，天賦的邏輯推理。至目前為止，這還被看成無法言傳的知識。可是有一位科學家叫 Michael Polany 的，他說過，只能會意的知識是「默覺知識」（tacit knowledge）。我同意。因為老子這個「道」，原非數學物理方程式的演算，它是老子腦袋裏的物理圖象，反覆思考，直覺綜合出來的一個理論。

儘管老子的立論，還不是世界共認的真理，而老子「道」的闡釋，確實具有啓發性的一種目的論（Finalism）。他的推理方式，是以人的視點描述宇宙，是讓人在宇宙中，扮演像「道」同樣本質的角色。雖然人類還沒有去證實其「道」的理論是對，或是錯。可是，老子已用了我們能見之事物做過各種自然生態的比喻。我個人對他假設的「道」，有悟性上的「信仰」。我們甚至可將「道」字易為神字。這神字，不是宗教的神罷了。

老子之後，歷史又過了兩千數百年，如今，愛因斯坦的相對理論，把物質與能統一起來，他表示物質也是能的一種形態，乃至光也好，電也好，都只是能的一種形態。因此，我們知道「能」是沒有固定形狀，不能捉摸，它與物質是疊合一起的。此外，愛因斯坦還有一套統一場論（theory of the unified field）。大至宇宙，小至夸克，令人咋舌的是，跨越大小這兩個極端的理論，他是如何做出的呢？原來也只是推理，只靠冥想，沒有機具，頭腦想想就寫出幾條方程式。然而，愛因斯坦一九二二年發表的這個統一場論，到他逝世，以至於今天，還沒有能將一切力場磁場納入統一的架構裏。這不妨讓我們幽默一下，這是和莊子的一句「大而無外，小而無內」，一樣的無邊可追得到嗎？

兩千三百多年來，我們只能用思維一睹其風采的「道」，就與現代宇宙學、天文學、物理學、生命現象、道德行為……等等，帶著一些共同的特色了。那麼，我們也可以把「道」的認識，就想像有如簡單公式的物理相對論，統一場論，甚至大爆炸，「道」卻走進迷宮一樣的複雜路線，鋪陳出無邊的宇宙，紛麗的萬物，神奇的生命。

「道」，是老子冥想出的，可惜他只將之引入人文的方向較多，他說過「多言數窮，不如守中」，所以對走科學的方向，沒有多言涉及。這也許正是古人把科技看成「奇技淫巧」，在人生中不是絕對的重要和必要，所以老子也就著墨極少了。這也正是他對價值與意義的衡量吧？

宇宙秩序有自然律控制，是近三百年科學家才發現，並揭開隱藏秩序的方法。這個規則可說是宇宙的密碼，譬如量子論，相對論，化學組合定律，分子結構定律，DNA序列……等等，都是密碼中的個例。對不起，我們甚至可以誇大的說，近代這些科學家，似乎是翻譯「道」多彩的資訊呢！

人類多才多藝的大腦，仍然在努力用知識製造福慧。但知識既是福慧又會是苦難，大腦裏儲存的知識與資訊，始終是不平穩狀態，複雜的各種知識，重疊在混沌的資訊中，非常含糊的糾纏不清，形成正負面都有是非的矛盾。然以百年的個別人生來說，人，還是會意識到自己生存的問題滿重要，可是又不大考慮長遠的利害，以至聰明人的大腦，神經網路駢羅列布，雜沓得不肯安寧。往往製造許多虎頭蛇尾的事，一時不能完整解決，而危害著平常人。

近年，分子生物學的基因工程，和人工智慧的研究，非常熱門，如果造就出一種，有機與人為共生的混合體來，也是可能的事。這一來，不就把原有的人文倫理，像一個藝術完整的泥人兒丟進海裏，化為碎沫，無法再找回原來的模樣了嗎？科學技術如果無選擇，無止盡的發展下去，那麼生物與無生物，人腦與電腦，乃至自然與人為之間的區別，就會模糊不清了。

容許我實實在在的說：人生在世，生活中，沒有科學的人文學是患了「白內障」的，沒有人文學的科學是會得「綠內障」的。白內障尚能醫療，綠內障則會盲目。科技如果不以人本為福，人類將沒有真的和平概念。任何第一人稱的一個邪念發狂時，利用科技為奴僕，驚鴻一瞥，就能將生物完全毀於一旦。人類長久以來，所累積的文明宮殿，將成廢墟。

如果我們用一種形象比喻：現代的科技，是一群人，在大海上一波一波的徒手衝浪，我認為他們得有個浪板的用具，才能協助到浪頭上平穩過去。而這個用具，應該是具有人文價值的科技，否則科學理念或人文洞識，就會互為矛盾。人性野蠻的「惡鬥」時，會利用科技殺人。那麼這個文明階段，就不知會埋葬於那種地層為化石？去與侏羅紀的恐龍序長幼了！這個預料的情況，是有可能的，人類能不惕勵？

我們並不諱言，我們歡迎科技變化，也推崇人文規劃。可是面臨人類決擇命運休咎的未來，科學不能提供倫理道德的價值判斷，只能幫助我們了解一些事物的知識，以及生物平等的概念而已。人文學也許能引導一條安身立命的路徑，但此時此刻，又出奇的沉默，乏善可陳。

也許，老子思想的一個重要觀點，就像陰雲中的閃電，那道亮光，也就是他所論及「德」的啓示：人類該去法地、法天、法道。這道閃光，就是皈依「道」的信仰上去。人性表現在這道光亮的模式上，自然道與德聯姻好合，如果人文與科技亦能如牽手情侶，人類則會快樂幸福得多。

其實人類行為，與自然界是息息相關的。現代，我們已從科學知識，瞭解宇宙萬物的演化，都是物質神奇潛力的展現。所有生物、無生物，都是同一個來源而不同機率的組合，同樣都有生存權與尊嚴。那麼，人法地，地法天，天法道，道法自己的自然而然，是人類可以去試行的一種歸位於「本來面目」法。因此，我願意忠誠的告訴讀者，我不敢說皎然明白全部五千言，只能說以一種誠懇，以至驚喜的發現，體會了一個經驗是：「致虛極，守靜篤」那種內心的喜悅。這是老子道、德論之外，另一個特殊的餘論，它也許是體認真理的方法吧？然而這個方法，是因人而知的事，不過，人能平靜總是一種高雅的態度。一個休養身心的途徑。

下面我就約略說一說，老子主張專注的沉靜，所能出現的一種情態，願與讀者分享。

當我們屏氣凝神，絕對的寧靜中，靜得足以粉碎一切的蠕動音響，在這一片寂靜中，心裏飄進的只空蕩蕩浩瀚的宇宙。萬物在我中，我在萬物裏，清清明明。這是用自己沉靜的心靈，去證實「道」的存在。而此時，就只有自己和「道」同在，你才能一睹其風采，它的本來面目了。這個寧靜的生命情調，不但具有心智的歡愉，還可以從不同角度切入，甚至透視到深邃而朦朧的潛意識中，影影綽綽，似乎回到遠古那個初始的根源。這個時候，是最原始的一種失去意義的虛寂之境，卻又是一種極富意義的實際寧靜。這一刻，所有被世俗濡染的習氣及擔負，慢慢在身上消失，熟睡的純真樸拙又都復活了。這種神秘經驗，能撫平一切苦難，使人心態大大轉變，也就是還原到本質的自然，出現了一種超我狀態，能在現實生活裏，改換嶄新的人生觀。這個情形，就像宗教界神蹟的復活，其實所謂復活、重生、嬰兒，都是象徵心靈的一種轉折，改變一種人生態度。能時時保持這個境界，並不容易，因為現代人太忙了。忙什麼呢？大都忙的是要取得更好的生活，和生活中引起的人際爭惱。信然？

要說人類創造與毀滅的力量，是欲念靠了知識為工具所為，常忽略了「暖身」的靜慮心智。即便用心智，也沒有取決更深層的潛能，而這潛能，是深刻到生物演化的原動力，這個基本的原動力，就是德道的作用力。難怪老子要絕聖棄知，他大大不該，不說清楚，使人誤解。因為寧靜的心靈與道合一時，欲念就被合情合理的熨平了。

也許我們在萬花筒似的社會裏，誘惑的事物還很多，瞬時的定力，還不可能反璞歸真，如果我們願意，正如老子所言，千里之行，始於足下。先讓大腦在每天，有一個安靜的時間，這就已是起步了。記得我曾和我的學生們，做過一次遊戲，我要他們很誠實的在一分鐘裏，能夠甚麼事都不思不想時，可以得到我送的一件禮物。結果年輕人的思維，一分鐘都空不出來，在這一分鐘裏，每個人的思維天馬行空，說出來則有的是，有趣有味；有疑有惑；有埋怨有暗罵，不一而足。親愛的讀者，你願意試試嗎？

看來，人類若回歸「道」的自然質樸，也許才能步入和諧。可是歸位於

「道」，這個抽象超驗的源頭，不也正像科學尋找絕對真理一樣的困難嗎？這話也許有些悲觀了。因為當今的文化文明中，還找不到一位出色的人文學天才，有的都是科技天才。即使有一切人文的企劃，卻又不若科技的變化快了。

我的最終感覺：老子天賦的推理是極熱心的，對宇宙自然律的自得（德）生活，更是愛好。他對道、德的闡發，是從直覺假設的一個前提中，去找結論，再引申給人類行為上的道德路線。這是在倫理學方面的直覺主義和自由意志下，非常自由的作風。

自然的化身、自強的生殖

如果說，人類的生存是憑直覺和自動，但是若要進步，還是要有知識和理智。因此，我讀《老子》五千言後，想要說的是：

老子文章風格的光采，是中原北方穩健的散論文體，帶有詩的節奏音樂性。他比莊子用經驗來杜撰的寓言故事，容易使人明白他的觀念。他之喜歡用比喻法，確實比費文詞去找論證，要智巧得多。如果說他作品的章節中，偶爾有含混詭異的地方，那是因為他設想和比喻過於豐富所致。至於他對政治經濟方面的論述，那是他處於自己當代的一個遐想，借以啓人關注而已。《老子》全書的風格，要表達「道」的信息，仍然留給讀者一個想像空間，動機藏在隱約的暗示裏。「道」是完全神秘的，「德」也沒有敘述完整，模糊在太虛自然界之中。他的文章中，甚至連當代古代的人、事、地、物、時間、日期都沒有一字提及。這些都因《老子》的語文，實在像高山頂上的空氣，稀薄而潔淨。如果我們只從人類立場，去研討《老子》那個抽象的「道」，他之人文思考的隱喻，我體會出它無非是指：

人性是自然的化身，和自強的生殖。

「道」基本的出現，象徵本能的欲望。「德」配合之，再去解決創化存在的平衡。人類的本能和欲望，創製各種功用系統，讓人間世事的波瀾變幻，繽紛壯麗，往復旋轉，由新而趨舊，再向新推進，但絕不能忽略德的行徑。

總之，讀完老子的言論，再回看今日人類的欲望，社會的價值觀，國際間的秩序，都是在金錢自強中「生殖」，這是一般人注意不到的。錢，不會休息，錢，在金融業天天無日無夜，在世界各地飛轉的旅游。一旦，商業科技和金融利益落空時，各作業系統很快就紊亂甚或荒蕪。我們才能看到全球各個不同社會的緊張，股票市場七上八下的痙攣，經濟安全受到震盪，政治策略改弦，新的技術人員重新要培訓，經濟學家沒有智慧的工具，哲學家也沒有好的理論，繼之各類型資源需求的冷戰，白熱到頂端時，國際間就很可能為利益直接開戰。這是國與國欲望和本能，貧富不均的必然。

雖然，目前全球經濟已有共享實惠的觀念了。同樣，如果道德的觀念沒有共識，不能使人性的欲意合理化，欲意也就會否認共享觀念的一致。這時，欲意將成為不能解渴的鴆酒，人類的災難，就會一波接一波的興風作浪。因為人類創造與毀滅的力量，都是欲念的活動呀！

人類文化的基本要素和價值系統的觀念，事實上，各民族所取向是不盡相同而多元化的，這也無可厚非。全球要想全然一致，必然有其難度。但大部分人類，都是夢想在一座美輪美奐的大廈中，祥和安適的生活。而實際上，人們仍像茹毛飲血，用浮夸的心智，不定性的滾動著，總是物欲難止，掠奪為己，似乎還是在蠻性的文化中爭鬥，不肯安靜，也無方式安靜。

也許老子確實能助人一臂之力，首先讓我們的浮躁沉靜下來。然後回首諦視大自然：流水的大度包容，地表的任重給養，嬰兒的無爭無邪，天體星球的秩序井然。這些柔軟的身段，宇宙的容顏，都是可以學習的儀態。

用句物理學上的名詞「非線性的複雜」，觀看人類作為，確實如是，但是會有一定的因果要承受。人，除了本能，不可能有與生俱來的文化知識，都還是要交流學習而得來的。我們的人生要如何安順，最好的安排，先要試試把身心靜下來，回眛去觀賞周邊大自然的生態，它們都是寧靜的在運轉，這是無形學到的知識，和思維共同的語言呀！

人類要精進文明，演進文化，不能重蹈而陷入老子那個悲哀的戰國時代了。不過，說話要公正，那段歷史中，人文學術，產生過許多人生哲思，而今，我們科技的資訊時代，卻產生許多難以分解的機具，與生態環境的污染，以及風暴不測的科技武器，這不也像構成一種悲哀的糟亂時代嗎？

老子理論的「道」，目前雖然還不能確定，而「德」之踐行，是可以培育達成的。因為人性很不穩定，時刻出現矛盾，人有時會氣憤一個現象要去毀掉它，有時會慈悲一個現象，要去幫助它。立場不同，想做的也不同了。如果不分別現象和立場，人性是平靜的。因此，人性的「公義」和道性的「公義」是迥然有別的。這也就是人類「困境」的「相對論」呢！歸根結柢，自然與人文的結合是一項道德，是科學與人文學的合作。否則宇宙自然律則會匪夷所思的以不同形態來解體一切生命，崩潰一切物質。宇宙局面，地球面貌，將全盤改觀，你我亦不知所蹤。

今日在一切複雜的知識系統中，我們來思考老子的《道德經》，會從中找到近似生命的價值和意義。那就是：自然實質的真，怡然單純的美，這將會是人類必然實惠的善。因此學習「道」的創化式，方能有自強精進的能量，同時「德」的表現，當然要同步養護。人類若不在乎道德，人性不能矯正為善而美時，人類社會一切的政治、經濟、法律、軍事……種種變革，往往徒勞。

我的思維至此，不知不覺飄浮出一串一串的字，這一串串的字，類似達文奇畫蒙娜麗莎的那種微笑。就算它是結束本章的打油詩吧！

道是無心卻有情，一言半語悟皆新。
宇宙萬物無中有；自然無為生彩雲。
德是有情又有心，法天法地法道行。
混沌質樸若嬰孩；娑婆世界即仙境。

如此人生，心廣神逸！則能騁無窮之涯，飲不竭之泉。

書後的碎語冗言

重重疊疊繞思來，
幾度欲罷扔不開。
剛被雜事呼過去；
老驥奮蹄嘶又再。

這首「七絶」，是我的書稿完成之後，心裏嘀咕：是否真能對學子有些益處？是否有讀者願意瀏覽……「思之思之，鬼神推之。」思緒散亂，飄忽不定的真實情狀。因此，不能不再說幾句冗言碎語的話。

我一氣呵成寫的三本書（《詩論》、《司馬遷與史記》和《談儒話墨說道》），由手抄初稿到重新用電腦刪寫，現在只滑過學術邊緣的形式，已然不是原來細細密密的文稿了。它也不是具備哲學特性的文論，它只做為我文化情懷，在寒冬風貌裏，憶古和騖遠的筆談。我並不在乎學理工科學的直線性思維，習不習慣我這種「三維」方式的文字表達，我只是顛顛然我行我素的發心蹈勵，我只是想給一般讀者瀏覽而已。

也許我有些憂天，是一種對現代感的焦慮。我試圖喚回古往優良美質的人文道德，再現其魅力，能夠予人理解，讓今日大衆的自我人性去參拜，而帶出一些信仰。

古時代的美德，今日來看，似乎是滿面枯槁，不很引人愛慕。但是若能認識其內在的永寧性，其實也只在於賢者們的今釋。因為古典精神的文化特質，是人性經驗的淬鍊，是美學性的瑰寶。這種特性，其意蘊多多少少還沉濺在中國人的潛意識裏，並不曾完全消失，只是像在沙漠中一個美人兒，沉沉的入睡著。

時光荏苒，歷代文化中醇厚與澆薄，往復的變易，而今日的文化，卻在一片混淆的價值觀中，失去較好的方向。如果說文化也如生命的成長，包涵複製和代謝兩種生活結構的話，我們似乎就需要複製已往文化中精美的「核酸」，代謝古今陳腐的「蛋白質」了。不幸的是，我們深深看到、感到，如今一般人的生活中，走向一種集體病態的「嗜好」，迷戀「立竿見得」的金錢，和炫耀即興的物質，當做人生終極的樂趣。

不錯，很多物質方面的事物，明顯的是古不如今，我們都欣喜這類發明，但在精神方面的許多事物，我個人是覺得今不如早年的地方有很多。捨精神而取物質的擁有，恓恓惶惶一生，卻又不見人們絕對身心安樂。人如此，家國如此，所謂人類的文明，完全表現在物質文明上，而忽視了道德精神方面和人品素質的文明，相對的就出現許多不安份的活動。

且看一代代的知識技術，累積得愈來愈多的發明，確實物具是給人的享用有所方便，然而今天各方面的道德，卻如風前的燭火，吹得只剩一縷清煙，冉冉然飄泊無定處。於是個人的價值取向，大眾社會的問題，乃至人際、國際的關系，層出不窮的靡亂。小者，引人不安，大者，於國不寧。失德的罪魁，集結為一個名詞時，即是金錢，它迷惑了很多人的人性。由於私欲的泛濫，使得公義相對的消弭。僅僅物質文明的文化，見不到美的勻稱性，使文化的健康，得了怪恙。

我們對道德概念的維繫，雖然不算是鴻濛，但已顯得涼薄，怎能不在意？任其漸漸落至荒蕪！可是很多現代人，已不習慣古代那種沉悶的智慧「語言」，今天我還撰文來炒昔日風韻的「冷飯」，實屬笨手藝的廚技，一般食客已無興趣，饕餮怪獸的巨口更是吃慣八珍貴味，更是毫不理會的。不過，我不會氣餒，人類的理性，還是會關心自身的問題，仍會信心十足的再努力，期以更新，欲意美好。

如果說，一種文化生活能長久令人嚮往的，必然是物質與精神能平衡的發展。正因為這是人類努力的兩種形式，和兩樣內容的不同意志，往往就會搞得人，情理擺盪，左右質疑，不能安泰。今天引人的物具，昔時安人的哲理，人們是該置身新領域呢？還是舊範疇？

誠然，文化有傳統，時空代變不同，人類的生活樣式，也跟著生產工具的進步，和思想觀念的變遷，會不斷的改動，這也無可厚非。但是如果不關心倫理道德，嚴重的說是醉生夢死，平淡的講是隨波逐流。一味的醉生夢死，隨波逐流，豈不是將生命押了下去，輸去為人高尚的意義。

中國有識之士，大皆認為道德問題，才是解決世界禍亂走向和平唯一的途徑。因為科學、宗教、政經、法令、先進武器，皆無法永久處理得和順，只有道德，方能勉强維持一個人類平和的生死空間。有道德的社會國家，才是能令人敬愛而嚮往的地方，是一處「香格里拉」，是人間的桃花源境。

普通人心目中，道德一詞，都成了陳腔濫調，只是叫叫嚷嚷，不能扭轉人性光輝的一面。尤其一談傳統道德，更加認為老朽，概念裏只是舊封建社會的人文約束，現代的自由人權，方為至上的人道。然而，一些人對自由與人權的範圍，卻又不甚了了，至多認為不犯法禁，即是良民了，至於人道，人文是甚麼內容，一概不知而無睹，尤其是政客型的官僚們，和汙染大自然的製造業大亨，更加有眼無珠。

我有一種想法，我認為優良的傳統與現代的優良，道德行為在歷史長河裏，不是脫節的，不應該是時空分割的觀念，它是人類精美品德承先啓後通代的理念，道德是將先人的光芒引渡給後人，是行為意義和活動價值孳生不絕的「生命」代稱。因為道德這個「生命」，有進化性的代謝和複製功能，它在時空的歲月中就會有保留，就會有遺棄，必然是有新生有病疵的。保留的多為人情中智慧的部分，遺棄的照說應該是知識相牴觸的，新生的多為正義的需要，病疵自然就是不合情理的的苦難。

傳統缺少根柢的經歷去淘捨，現代就顯得稚氣，帶有奶味。因此，我認為傳統與現代，道德是連續的，她應該是「繼往美，開來善」。從宏觀來說；道德是宇宙中萬物自然規律的生態秩序，從狹義來講；是人類心靈共識的精神體現。因為人類並不是宇宙中一個孤立的存在，宇宙是萬物物種的共同家園，人類之有道德是天經地義的人格情調，是精神與物質成長健康的搖籃推手。古往和現代的道德，我合稱之為「通代道德」，這古今通代的道德，是生存永續的基本內核。若讓我用數學公式為道德下一定律，我會寫出：

道德＝（人＋良知）×自然萬物

我這樣說，相信有人會同意。

儘管人會自負，人性裏有悖逆良知去自作，倒頭來，就會咎由自取。眼前就有很多缺乏道德而可能發生的事，一如衆所皆知的某些科學常識，例如工業廢氣的後果，對臭氧破壞造成氣候系統紊亂，輻射的紫外線使人類體質癌變，如果有一天核子戰爭，蕈狀雲在同溫層的煙塵，把太陽遮擋，茫茫大地，一片冰霜，會帶來冰河時代，毀滅許多物種。更令人驚怖的是，生物科技有可能發展人獸合成的器官，以及克龍（Clone）祖孫不分，四不像的人物，沒有了倫常，也許，這些科技欲望造成的負面結果，是科學知識應該知道會惹出的禍，本應該先有道德的考量，再與資本雄厚的財富者為之，可是金錢的嗜好、權力的忘形成了毒癮時，會把暴戾的科技秘密武器試用在異己，其惹出的禍，那就可能是我們或我們下代子孫的末日，就會像再版侏儸紀恐龍之死那種消滅了。

如果人類的理性被蒙塵，弱者只是木訥默從與無知的領受，這類蠻人的作為，究其因，只是人心性貪婪不停的在作祟，和一般心性懦弱懶散的對之驕縱。所以我認為道德沒有大力推行就無力量，力量沒有道德規範就會邪惡。因此，道德是關乎人類生存的第一等要務。

先知老子說「少得多惑」極發人深省。然而，事實上，人類不可能沒有欲望，也有人說過欲望是一種進步的「能源」，但我們必須提醒的是，我們之所以快樂或痛苦，是欲望的結果，而不是其產因。所以人有欲望時，還是先帶點哲學的理性，不要一任感情操縱，這就是要有道德來做仲裁了。例如核能和平用途固然好，用在武器上，就有極大的後患。這些科技欲望的力量，若沒有人文道德去規範，那就是老子說的「不知常，妄作，凶！」了。豈僅是凶？全球的物種是同呼吸共命運的呀！老子的思想，是以科學之內在發人本之外延。他的道論、德論，談的是生命與物質，存在常新的一種統一論。我在書文中已討論過，請讀者再審核閱，這兒不重複了。

人類的作為，沒有批判精神是絕對不行的，有批判自然也有歌頌，這是任何時代，任何人都會有的本能。人類所提供的豐富、複雜、多樣性的生活中，我們對愛、憎，總覺得負面的內容似乎居多了，很多問題，令人興奮和喜悅，也有更多令人感慨，甚至令人惱怒和憂傷。

目前全球最强大的國家，我們不得不承認是美國，他們的哲思是重商興國。她的經濟與軍備「足食足兵」均為世界先進，政治外交也是極端的利益其本國。同時她又以其優良環境，吸引各地多方面的高級知識分子移民來此為其所用，尤以科技人才最受歡迎，協同研發物具而能突飛猛進。這很像「系統調控」的作用，效應好像顯得「良」性循環，讓資本家擁有財富如滾雪球似的，愈演愈厲時，往往會不審對人類的善惡了，相對之下，多金的個人，以及家、國，人人只是好大喜利，窮奢極侈，唯我獨富成為風尚時，就忽視甚麼是道德了。金錢誘惑必然紛擾人心而危害社會，時有所聞的暴戾凶殺，墮落的淫亂，毒品與黑幫會橫行，種種事件層出不停，令善良人憂心忡忡。是故，一個國家社會，深度的「系統調控」，應關懷全人類的福慧；加强精神系統調控的天地，以道德至上引領全球人類的活動，這才能是强而不

「暴」的一種至美之境。

我對美國有歌頌的方面，也有很懷疑的地方，我總覺得，强大的美國使國政許多矛盾有如玄學。這種作風對國際而言，明顯的會使矛盾尖銳，產生區分，仇視異己，甚致可能引發戰爭，以致成為相反的因果。當然，我可不能輕言妄斷，只是推想、懷疑而已。懷疑時，我想批評的是：

一般公民對政治不關痛癢，只是「日知其所亡，月不忘其所能」而自掃門前雪。說難聽點，就是自私自大。例如，科技進展若不以人本為福，被政客和軍人推波助瀾，雇用為軍火的僕役去研發武器時，他們會不會有片刻躊躇道德的問題？我真懷疑。這種國策是「福利」還是炫耀其軍事的强悍，或是以擾亂世界一塘春水，目的只為「得魚」而設計財源的居心叵測？

宗教組織在美國有很多豁免特權，道德被範疇在信仰超自然的神的語言，「外邦人」聽信誰呢？當理性與感性衝突而廝殺時，倫理道德則成為棄兒，沒有了依歸？有趣的是，近年來羅馬宗教領袖，也已向科學送秋波了，教徒的痴情若被科學俘擄，精神又當何去何從呢？道德若不被理性的教化，只放在恐懼的迷信中，其他事物則又極端崇尚科學，這是否矛盾而自欺？我無意要批評宗教的信仰，其實三位一體的神也好，如如不動的佛也好，阿拉真神也好，其旨意最終還是極端智慧的人，設想的人文規範而已。

政治若只是效命於資本家的「選票」，各行各業的商業行為則多錢善賈，一旦經濟活動使金融壟斷資源，全球經濟平衡失控，國際間貧富懸殊，會不會引起群體憤怒？導致戰亂？

以上這些一般看不見的作風，似乎是美國人半數以上的意識形態。因為他們重商愛物，但是浪費物質卻又一點也不心疼，自己用錢消費時，絕不吝嗇。雖然這個世代文化思維的價值，成就了目前輝煌的風光，全球都起而效仿。要想持盈保泰，我還是以為道德領先，才是第一要務。雖然美國對世界不少國家的慈善救援，表現了她「仁慈」大方的人道。然而，德行並不全是外褟的施惠，它的本質是：**生命的眞誠，和仁愛的情意，相互之間的關係**。倘若財大而氣粗，不會被感謝，更別說那份「施者有福」的氣燄，有志者，誰願為「五斗米」折腰領受?!

話得實在說，走遊全球，美國是屬一屬二人民生活平均素質相當不錯的地方了。它建國兩百多年，我只以旅居百分之十的時間，謬言解讀其現況的缺失，似乎方位不全，也不夠清晰，我這裏先一拜告罪，這是我表示一點中國傳統的禮貌。事實上，美國之有今日，正也是由其先人們的勤奮，年年歲歲層層業積而來，如今能傲然於全球，並非一蹴即至的。不過，若仍按目前的思想觀念不改其自負、自信、自大、自用、自命不凡，世界與之矛盾或衝突，會愈來愈多，導致其不受歡迎而滑坡衰落，也會是必然的結果。因為老子說過，福裏有禍的因子，不過分總是好。俗話說：「百尺竿頭，更進一步」，既然已經是世界上百尺頂端了，再進一步，不是就掉下來了嗎？我這個說法，只是想引讀者一粲而已。

老子有「持盈保泰」云云，就是告誡我們，任何事物不要過分。全球有很多人嚮往移民、讀書、遊覽的地方，讓我說得如此洩氣，我實在很抱歉。這叫人在「江湖」，心不由己，所知所感，忠誠而懇摯的平議而已。至於其很多生活上美彩紛呈的優逸處，衆所皆知，大家心知肚明還用說嗎？同時美國這種人生價值觀，未嘗不是給我們「他山之石，可以攻錯」。我不過一心只想祖國的後輩士人，「觀過知仁」，取精汰劣作為殷鑑，不要一味的學樣。要學，也先要「知人則哲，自知則明」、「知己知彼，百戰不殆」，認知各方面的國情文化才是。否則全學馬列老大哥那一套，豈不是已把二十世紀中葉的國人整夠了？反過來要是全學山姆叔叔，豈不又可能出問題？是故，此刻，我們需要陽光，照亮中國有精神特質，多樣美德的先賢們所行之道路，起而勵行。這會是對人類示範最好的貢獻，也許有人會問為什麼？我可以用比喻作個解釋：

民族與風景互相隸屬，一棵樹生根的地方，也即它死亡的處所。民族的某些最最精粹的性格，無論屬於形體的或是靈魂的，都永遠依附在這一「老家」之中。種族本身絕不遷移，遷移的只是個人。人移到不同風景地區，風景對他們身內的性格，仍會保有一種神秘力量，這就是科學知識——民族基因的DNA。中國人若能以中國特質的道德濡染人，絕對是有魅力的。道德是個龐大的問題，時間上的歷史面貌，與現實之間的差別關係，從空間上的文化習慣與具體的行為規範，都不是全人類能夠一致認可的，不過基本上的道德情況，以人性視角看常情常理，仍有共識之處。咱們中國古賢，其精神道德之魅力，即顯著的一種價值範例。我在書中提到的那些古人，他們的情操，仍然是今日我們審美的歸向。

如今恐怖的核武發展，似乎結束了。但是科技所引起的道德問題依然存在。也許衮衮讀者諸君認為我此言無稽，我必須指出，科學本是中性的，如果不受道德約束，任其山崩地裂的趨勢席捲人類社會，驅馳人類生存波動不安，我認為除了科技可怖的軍火工業之外，還有生命科學，再就可能是神經工程技術的來臨了。這些為人性妄念服務的科技，不僅僅能讓富者蒙福，甚至操控人類的情思和個性為一型。這情勢可不是危言聳聽，假使這類科技工程繼續目前發展的速率，二十一世紀末，全球可能就只有兩類人了，那就是跟不上時代，科技知識極「貧」的窮人，和玩科技於手心極闊綽的「富」人。最後可以想像的一幅圖景，是亂象的一片悽涼。因為無「知」就只能有蠻力，有「錢」就只會有霸氣，這矛盾的碰撞，兩者皆傷。當然，這情況絕不能讓它是子孫生存的未來世界，我們可以用道德來「環保」，使全方位的通代道德，用理服「偏鋒」的科技，降服「傲慢」的富翁，攘服「族群」的霸力。這是只有全人類道德的力量，在人性良知上能做得到的事。

我寫書的目的，無非是以垂暮之年，想做一個令人不悅的鬧鐘，呼喚睡美人別再慵倦的沉睡。即便他們還惺忪著睡眼，在半醒半睡時，也期望能在歷史的巨塔中遊走蠡測，對可尊敬的先人們的德行有所承傳見習；能在變動快速的日子裏，找安身立命的方向時，去參考智慧的先人們的思想與學術；能在工作疲憊時，去享受美的藝術創作，可以調節鬆弛身心的喜悅。只要我們有耐心和毅力，必然能使人類生活在社會中，成為有教養有魅力而超群的一代中國人，能令紛擾的人類社會，出現一群人文精神結構嶄新文化的文明人，是時，中國優美的文化特質，會成為人類心靈飽享美感的醍醐上味。用此等生活樣式來領導二十一世紀的全人類。無論我們身在何方，真理只有一個：這就是通代道德，它是一種生命的基因。能環保全球人類的人文、人道、人權的生態平衡。

此刻，我興奮的覺得，我們有信念能改善自身的處境，就像古籍裏老話所說的：「修身，齊家，治國，平天下。」其實，這四個原則不會高不可攀，我們人人只需要專注踐行一個詞語——通代的道德——，而義無反顧，自然天下太平。

我們虔敬的把「人文三曲」（儒、墨、道）這莊嚴悅耳的音樂，用來祈望人類的信念：

通代的道德，在人類文明的文化生態裏，「人文三曲」一如交響樂曲的音樂，激發人性的潛能。首先，讓小喇叭吹出人與人和諧的關係，這是道德環保的序曲；復次，全方位學術界的合作，為和平貢獻文明的躍昇，這像是各類絃樂器相互伴演的協奏曲；之後，國際間多維度的融合，你中有我，我中有你，是將生命樂章主題的旋律、節奏，或和聲以不同方式來變奏，呈現同中有異，異中大同，把管、絃、打擊樂器，合成共鳴的交響曲。使人類生活的形式，出現多元化美感的內容。

我們祈願人類進入這種美學的殿堂，是要抱著上祭壇一樣的莊嚴去踐行。使人性溫柔、精神自覺，並與宇宙錚錚的自然律接軌。

總而言之，我們對道德有一定的認知是本然的，說白了也就是人類都有的良知。這情操，本不需要滔滔不絕，喋喋不休的訴說，任何人都能用心靈去體認的。我有三冊小書，書文中敘述過一些古人，他們的行事，都或多或少表現過高貴的道德風範，他們曾譜寫過人類交響樂「序曲」裏美好的音符，這些音符是：

行仁愛，倡和平，反戰爭，正義，堅忍，勇氣，勤勞，節儉，濟貧，葆愛人才，謙恭禮讓，無私寡欲，尊老敬賢，上慈下孝，從善如流，知恩回饋……。

他們這些德行的呈現，純然自發，行為都是自我意識的風采，正派人都會去做到的。

親愛的讀者，現代人有凌雲壯志，必能自動自發，從自己先踐履，但今天我們先要釐清一些現代人極需要的，和一些不需要的，開始咱們的「修身」的序曲：

我們需要多一點謙遜，不想要人類的傲慢。
我們需要多一點仁愛，不想要人類的鬥爭。
我們需要多一點和諧，不想要人類的歧視。
我們需要多一點寬容，不想要人類的怨恨。
我們需要多一點誠懇，不想要人類的欺詐。
我們需要多一點正義，不想要人類的邪惡。
我們需要多一點勇氣，不想要人類的懦弱。
我們需要多一點樸實，不想要人類的浮華。
我們需要多一點真摯，不想要人類的偽善。
我們需要多一點耐心，不想要人類的暴戾。
我們需要多一點知識，不想要人類的偏見。
我們需要多一點感恩，不想要人類的忘義。
我們需要多一點溝通，不想要人類的誤會。
我們需要多一點優雅，不想要人類的粗俗。

序曲是可以單獨個別呈現的豪情，協奏曲要學術界諸方學科，熱熱鬧鬧的豪氣來匯集，變奏曲則是多義性偉大的政治思想家豪事的創作。我們歡呼這個時代的到來！因為我們需要全球和平，不想要人類的戰爭。這個要訣，必然是要播種通代的道德，所以，人類在時空的運動點上，要去耕耘道德環保的春芽，在薰風中彬彬吐蕊，這個綠滿全球的新生氣象，是最強而有勁的真實典儀，個人的激情是無以肩比，只有人類的大腦和心臟，讓藍色的靜脈中流動著生命活力的血液，才能與之呼應，緊緊擁在一起，共同努力。風習可以鎔鑄道德，是時道德的合一，含蘊著快樂的靈魂，很自然的舞步，會跳著生命的喜悅。

這篇抒感的碎語，似乎來自無上的趨力要我寫下的，某些支離的情思，也許會帶出千類萬聲的喧嘩，也許會靜無一人理睬，我就只有遺憾和泰然並存。至於我撰述的三本書文，是否有當，我則靜候方家的郢政了。謝謝讀者瀏覽我的書。

左海倫

談儒話墨說道：文思三部曲 ／ 左海倫著. --
初版. -- 臺北市：臺灣商務, 2003[民 92]
面： 公分

ISBN 957-05-1768-9（平裝）

1. 哲學－中國－先秦（公元前 2696-221）

121 91022699

談儒話墨說道
——文思三部曲

定價新臺幣 300 元

作　　者　左　海　倫
責任編輯　李俊男
美術設計　吳郁婷
校 對 者　江勝月
發 行 人　王　學　哲
出 版 者
印 刷 所　臺灣商務印書館股份有限公司
臺北市 10036 重慶南路 1 段 37 號
電話：(02)23116118 · 23115538
傳真：(02)23710274 · 23701091
讀者服務專線：0800056196
E-mail：cptw@ms12.hinet.net
網址：www.commercialpress.com.tw
郵政劃撥：0000165 — 1 號
出版事業登記證：局版北市業字第 993 號

• 2003 年 2 月初版第一次印刷
• 2004 年 4 月初版第二次印刷

ISBN 957-05-1768-9（平裝） 02060000

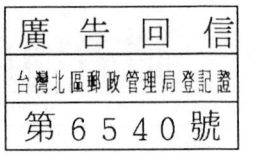

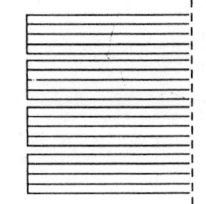

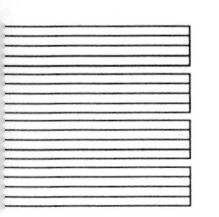

讀者回函卡

感謝您對本館的支持，為加強對您的服務，請填妥此卡，免付郵資寄回，可隨時收到本館最新出版訊息，及享受各種優惠。

姓名：________________　性別：□男 □女

出生日期：____年____月____日

職業：□學生　□公務（含軍警）　□家管　□服務　□金融　□製造
□資訊　□大眾傳播　□自由業　□農漁牧　□退休　□其他

學歷：□高中以下（含高中）　□大專　□研究所（含以上）

地址：□□□________________

電話：（H）__________（O）__________

E-mail: ________________

購買書名：________________

您從何處得知本書？

□書店　□報紙廣告　□報紙專欄　□雜誌廣告　□DM廣告
□傳單　□親友介紹　□電視廣播　□其他

您對本書的意見？（A/滿意 B/尚可 C/需改進）

內容____　編輯____　校對____　翻譯____

封面設計____　價格____　其他________

您的建議：________________

臺灣商務印書館

台北市重慶南路一段三十七號　電話：（02）23116118・23115538

讀者服務專線：0800056196　傳真：（02）23710274

郵撥：0000165-1號　E-mail：cptw@ms12.hinet.net